TRAUM-DEUTUNG

für ein glückliches Leben

Motive und
Symbole verstehen

INHALT

TRAUMDEUTUNG IST GAR NICHT SO SCHWER

Traumdeutung ist heute ein Thema, mit dem sich nicht nur Psychologen und andere Fachleute beschäftigen. Traumdeutung ist ein Teil der Alltagskultur geworden.

Nicht nur Fantasiefiguren wie Harry Potter beziehen einen Teil ihrer Kräfte aus Rückerinnerungen und der Traumdeutung. Auch Frauen- und Jugendzeitschriften berichten immer wieder über Träume und deren Bedeutungen und richten eigene Kolumnen zu diesem Thema ein.

Wie nützlich die Beschäftigung mit Träumen sein kann, lässt sich an vielen Beispielen zeigen. Einer der bekanntesten Fälle ist der Nobelpreisträger Friedrich August Kekulé von Stradonitz. 1865 stellte er die Benzol-Theorie auf, mit der er die bis dahin rätselhafte Struktur des Benzols als einen aus sechs Kohlenstoffatomen bestehenden symmetrischen Ring erklärte. Diese Lösung fand er – nachdem er eines Nachts von einem tanzenden Ring geträumt hatte.

Mit der Traumdeutung kann man sofort beginnen. Wie bei jeder Disziplin, sollte man nicht gleich am Anfang Höchstleistungen von sich erwarten. Auch hier macht Übung den Meister. In diesem Buch erhalten Sie Tipps und Informationen, mit denen auch Sie direkt damit beginnen können, Ihre Träume zu deuten. Sie werden sehen: Es ist gar nicht so schwer.

Ein Mensch verbringt in seinem Leben nur etwa ein Viertel weniger an Zeit mit Träumen, als er mit Arbeiten verbringt.

TRÄUME BIETEN NEUE LÖSUNGEN

50 000 Stunden träumt ein Mensch durchschnittlich in seinem Leben. Jede Nacht eineinhalb bis zwei Stunden, in vier bis fünf Etappen. Gut genutzt und wohl entwickelt, ist das ein unglaubliches Reservoir der Lebensenergie und der seelischen Erneuerung. 50 000 Stunden, das sind nicht weniger als zwei Drittel der Berufsarbeitszeit im ganzen Leben (durchschnittlich gesehen). Zur Verdeutlichung: Wer in seinem Beruf eine Zwei-Drittel-Stelle besetzt, der oder die arbeitet genau soviel im Leben wie er oder sie träumt!

Nun vergleichen Sie bitte: Wie viel Aufwand treiben Sie für Ihren Beruf und wie viel für Ihre Träume? Sie werden schnell feststellen: Die Träume kommen meistens zu kurz! Jedenfalls in der Wertigkeit, dem Stellenwert, den wir ihnen zu geben bereit sind.

Nicht zuletzt aus diesem Grund hat schon vor geraumer Zeit etwa der bekannte Philosoph und Psychologe Erich Fromm dafür plädiert, die Symbolsprache der Träume als

„einzige Fremdsprache, die jeder von uns lernen sollte", zu betrachten und in den Unterrichtsplan aller Schulen und Hochschulen aufzunehmen. Wir wollen es hier ein wenig bescheidener und praktischer ausdrücken: „Im Allgemeinen hilft es bereits sehr viel weiter, wenn wir täglich ebenso viel Aufwand wie für die Brotzeit auch für die Traumzeit betreiben und uns mit derselben Selbstverständlichkeit wie die tägliche Körperpflege auch eine alltägliche Seelenpflege gönnen."

SCHÖNE TRÄUME – SCHLIMME TRÄUME

Die Beachtung, die wir den nächtlichen Träumen schenken, steht in direkter Beziehung zu der Aufmerksamkeit, die wir für unsere Lebensträume aufbringen.

Ein konkretes Beispiel: Ein junger Mann fand seine Träume erst beachtenswert, als er im Alter von 29 Jahren geschieden wurde. In dieser Situation machten sich seine nächtlichen Träume unübersehbar für ihn bemerkbar. Er erinnerte sich morgens und tagsüber viel besser an das, was er nachts geträumt hatte. Und zur selben Zeit tauchte in ihm die Erinnerung an seine

„Träume" wieder auf, die er mit siebzehn oder achtzehn Jahren gehabt hatte. Diese Jugendträume - wie zum Beispiel auf dem Land zu leben und Musik zu machen - waren seither untergegangen, hatten keine Rolle mehr in seinem Leben gespielt und kamen ihm erst jetzt, unter dem Eindruck des großen Umbruchs in seinen persönlichen Verhältnissen, wieder zu Bewusstsein.

Wie in diesem Fall, stellen viele Lebenskrisen eine besondere Chance des persönlichen Wachstums dar. Es ist kein Zufall, wenn die „andere" Realität der Traumwelt in demselben Moment wichtiger wird, in dem ein gewohnter Tagesablauf ins Wanken gerät. Das bewusste Ich ist vielleicht verletzter, aber auch offener und motivierter, bestimmte Wünsche und Ängste zuzulassen und zu verarbeiten.

Ob Sie sich gut oder schlecht an Ihre Nachtträume erinnern, kann also ein Spiegel dafür sein, wie Sie es mit den Träumen für Ihr Leben halten. Die nächtlichen Träume zu ignorieren bedeutet möglicherweise auch eine Missachtung oder Unterschätzung der persönlichen Lebensträume. Wer dagegen seine Träume regelmäßig beobachtet und ernst nimmt, hat sicher auch Wünsche und Traumvorstellungen in seinem Leben, die ihn beeinflussen und auf deren Verwirklichung er hinarbeitet. Es liegt also an Ihnen, die Nachtträume ebenso wie die Lebensträume zu erinnern, damit Sie wissen, was sie wirklich bedeuten, das heißt, was Sie praktisch mit ihnen anfangen können.

Wir träumen jede Nacht. Jeder Mensch, ausnahmslos. Nur wie viel wir davon bemerken, fällt von Mensch zu Mensch und je nach Lebensphase unterschiedlich aus. Psychologen und Neurologen haben in Experimenten eine eindrucksvolle Beobachtung gemacht: Unsere (nächtlichen) Träume sind unerlässlich für unsere Gesundheit und unser seelisches Gleichgewicht. Forscherinnen und Forscher können die Testpersonen in sogenannten „Schlaflabors“ so beeinflussen, dass sie nur am Träumen, nicht jedoch am Schlafen gehindert werden. Die Ergebnisse einer solchen tatsächlichen Traumlosigkeit sind verheerend. Schon nach wenigen Tagen kontinuierlichen Traumentzugs stellt sich eine seelische Krise ein oder der Mensch erleidet einen Nervenzusammenbruch. Wohlgemerkt, das sind „nur“ die Folgen von fehlenden Träumen, selbst bei völlig ausreichendem Schlaf.

Übertragen wir diese nachgewiesenen Resultate eines fortgesetzten Traumentzugs auf die „Träume" in ihrer weiteren Bedeutung, so heißt das:

Wenn unsere Lebensträume keine Chance zur Entfaltung erhalten, können sie eine seelische Krise oder sogar einen Zusammenbruch auslösen. Das gesamte bisherige Lebenskonzept kann in Frage gestellt weden. Daher erklärt sich der bereits angesprochene Zusammenhang, dass seelisch bewältigte Krisen zu einer verstärkten Neubesinnung auf die eigenen Träume führen.

WENN TRÄUME UNS WACH HALTEN

Wenn verschüttete Lebensträume wieder zum Vorschein kommen, kann sich im Übrigen eine paradoxe Reaktion einstellen: Es kann zu Schlaflosigkeit kommen, gerade weil bestimmte wichtige Träume ins Bewusstsein drängen. So schrieb ein dichterisch begabter, siebzehnjähriger Schüler in sein Tagebuch: „Nachts auf einmal - dann, /wenn ich nicht schlafen kann, /denke ich an Neuanfang. /Es ist doch und es müsste gehen - /denn eigentlich bei Nacht besehen - / ganz anders, tiefer und auch schöner. /(...) An

Freunde denk' ich, Freude, Kuss, /an Besseres, es herrscht kein Muss /nachts, wenn ich nicht schlafen kann..."

In diesem konkreten Fall war es für den Betreffenden notwendig, um seine Träume tatsächlich zu kämpfen. In seinem rigiden Elternhaus drohten seine eigenen Ansprüche auf Liebe, Freundschaft und Glück in einer Fülle geregelter Pflichten unterzugehen. Zunächst trug er selbst auch wenig zur Ablösung von seinen Eltern bei. Die Träume waren „sein" Reich, hier hatte er seinen Rückzug und eine Ersatzheimat gefunden. Erst als die Schlaflosigkeit ein Problem wurde, versagten die Träume als Fluchtpunkt, und ein zweijähriger mühsamer, aber erfolgreicher Weg der Emanzipation führte den Schüler nach seinem Abitur zur Abkoppelung vom Elternhaus und zu einer eigenen „Existenzgründung", wie er es nannte.

Wie bei diesem Schüler, so gehört vielfach ein Kampf dazu, die eigenen Träume ernstzunehmen. Aber bei genauerem Hinsehen zeigt sich meist, dass der Kampf vor allem darin besteht, Mut zu eigenen Entscheidungen und Vertrauen in den persönlichen Weg aufzubringen. Wer seine Träume verwirklichen will, vermag dies nicht im

Traum. Schlaflosigkeit kann unter diesem Aspekt ausnahmsweise heilsam sein - solange sie ein notwendiges Erwachen darstellt.

Vom Erwachen handelt jedoch auch eine ganz andere Gruppe von Träumen, die wir eher loswerden und vergessen als annehmen und umsetzen möchten: Die Alb- und Schreckensträume. „Heute schon geträumt?“ - „Lieber nicht“, möchten wir antworten, falls wir uns in einem Lebensabschnitt befinden, in dem unsere Träume mehr von Sorge, Angst oder Not als von allem anderen erfüllt sind.

Die Deutung dieser Träume ist ein heikles Thema, weil hier mit viel Liebe, aber oft auch mit viel Kritik, Trauer oder Wut eine persönliche Vision, der geeignete Hoffnungsschimmer am Horizont gefunden werden muss. Wenn uns Albträume nachts aufschrecken, kann dies entweder ein Hinweis darauf sein, dass wir in unserem Tagesbewusstsein „erwachen“ sollten, um ein bestimmtes Problem selbst zu lösen, oder es macht uns klar, dass wir uns auch tagsüber zu sehr erschrecken lassen und mehr Ruhe und Frieden finden müssen.

Viele nächtliche Träume sind Ausdruck dafür, dass der/die Träumende sich eingesperrt fühlt.

ANGST- UND ALBTRÄUME

Es gibt einen sogenannten Tagesrest im Traum. Damit bezeichnete Sigmund Freud Fantasien und – oft bruchstückhafte – Erinnerungen von bestimmten Ereignissen des vergangenen Tages, die der Traum benutzt, um damit eine ganz eigene Geschichte darzustellen. Wenn Sie zum Beispiel tagsüber in einer Reinigung verschmutzte Kleidung abgegeben haben, so kann der Traum diese Szene anschließend aufgreifen und in anderem Zusammenhang wiedergeben, etwa dem, dass unter Ihren Kolleginnen oder Kollegen „schmutzige Wäsche" gewaschen wird.

Neben solchen Tagesresten im Traum kennt die Traumpsychologie auch umgekehrt „Traumreste" im Tagesbewusstsein. So kann es zum Beispiel geschehen, dass wir tagsüber Kleider in die Reinigung bringen, weil wir nachts zuvor davon geträumt haben (vielleicht ohne es am Tag danach bewusst zu erinnern), dass wir eine gewisse Angelegenheit bereinigen möchten.

In dieser wechselseitigen Verquickung von Tagesbewusstsein und Traumleben haben Albträume auf ihre Art eine wichtige Botschaft für unser tägliches Verhalten und unsere innere

Einstellung. Man muss sie zunächst annehmen, um sie sodann loszuwerden. Wie um die Erfüllung der Wunschträume, so müssen wir um die Erledigung von Angstträumen immer wieder mit allen Kräften kämpfen.

In vielen Träumen werden sogenannte Tagesreste verwendet, um eine eigene Geschichte zu entwerfen.

Eines ist dabei jedoch gewiss: Es ist besser, die eigenen Ängste zu kennen, als dass sie unerkannt ihre Macht über uns besitzen. Eine Regel aus Therapie und Selbsterfahrung besagt: Es ist ein Zeichen seelischer Gesundheit (!), wenn vor oder nach einschneidenden Ereignissen Angstträume auftreten. Wenn jemand etwa eine wichtige Prüfung vor sich hat, wenn die Geburt eines Kindes, eine Operation, ein Umzug oder andere wesentliche Änderungen bevorstehen, dann ist es ein Grund zur Beunruhigung, wenn keine Angstträume auftreten!

Wenn Sie Angst- oder Albträume auflösen und loswerden wollen, finden Sie einen guten Einstieg, indem Sie sich fragen, welche wichtige Änderung in Ihrem Leben hinter oder vor Ihnen liegt.

DEUTUNG AUS ERSTER HAND

Ihre Träume gehören Ihnen. Machen Sie etwas daraus. Schimpfen Sie zum Beispiel nicht auf andere, wenn diese in Ihren Träumen unfreundlich oder sich sonstwie unmöglich Ihnen gegenüber verhalten haben. Schauen Sie zuerst bei sich nach, was Ihr Traum Ihnen zeigen möchte: Vielleicht möchte er Sie lehren oder herausfordern, auf die Unfreundlichkeiten anderer einmal anders als gewohnt zu reagieren. Vielleicht vermittelt er Ihnen auch die heilsame Einsicht, dass ein gewisser Teil in Ihnen unfreundlicherweise das Leben schwer macht.

TRAUMSYMBOLE RICHTIG ERKENNEN

Ihre Träume bleiben Ihre Träume, auch dann, wenn Sie es für richtig und notwendig erachten, sich Rat und Hilfe bei Freunden und Freundinnen oder in einer psychologischen Beratung zu holen. Ein praktischer Fall: Wenn in Ihren Träumen ein Baum eine besondere Rolle spielt, so hält das psychologische Fachwissen vieles bereit, was dieser Baum bedeuten könnte: Der Baum ist ein wichtiges Symbol für den Menschen selbst, ein Sinnbild für seine Existenz als „Bürger zweier Welten“ (mit dem Kopf im Himmel, mit den Füßen auf der Erde), ein Zeichen für Fruchtbarkeit und Gefährdung der Natur (Waldsterben), wobei „Natur“ im Traum entweder die äußere Natur (Lebensumfeld) oder aber die innere Natur (Wesensart, Eigenheit) der/des Träumenden meinen kann. Wie der Baum im Traum erscheint – allein oder im Wald, auf fruchtbarem Boden oder

kargem Grund usw. –, das kann immer ein Symbol für den oder die Träumende/n selbst sein. Es hat sogar Träume gegeben, in denen die Gestalt des Baumes im Traum durch Verletzungen oder einseitiges Wachstum auf noch unerkannte Krankheiten des Träumenden hingewiesen hat, usw. Dieses und anderes kann man mithilfe des Deutungswissens zusammenzutragen.

Ihr Freund oder Ihre Freundin würde Sie vielleicht anschauen, während Sie von Ihrem Traum erzählen, und aus Ihrer Gestik oder Mimik heraus darauf schließen, was Ihr Traum in Ihnen auslöst und für Sie bedeutet. Ein Therapeut oder eine Therapeutin würde aus eigener Beobachtung heraus vielleicht wieder andere Zusammenhänge erkennen und hervorheben.

Doch neben all diesem kann der Baum im Traum Ihnen eine Botschaft vermitteln, die nur Sie erkennen können, etwa dass dieser Baum an Ihren letzten Urlaub erinnert und Ihnen deshalb wieder im Traum erscheint, weil Sie sich urlaubsreif fühlen, oder vielleicht haben Sie unter einem solchen Baum Ihre ersten sexuellen Erfahrungen gemacht – wer weiß es, außer Sie selbst!

Welche Botschaft ein Baum im Traum vermittelt, kann nur der/die Träumende selbst herausfinden.

DEUTEN SIE IHRE TRÄUME SELBST

In diesem Sinne ist es sinnvoll, wenn Sie Ihre Träume in erster und letzter Instanz jeweils selbst deuten – denn nur Sie können die Symbolik in Ihrem Sinne auslegen. Die Methoden, Erfahrungen und Techniken der Traumdeutung, über die Sie dieses Buch insgesamt informieren möchte, liefern Ihnen das Handwerkszeug, mit dem Sie mehr aus Ihren Träumen machen können, und den Hintergrund, vor dem sich erst das Besondere Ihrer Träume abzeichnet.

Die Auseinandersetzung mit persönlichen Wünschen und Ängsten kann dabei als der beste rote Faden für die praktische Traumdeutung bezeichnet werden. Sie sind die Wegweiser in der Welt der Träume (und der Emotionen, die damit verbunden sind).

Nützlich ist es, zusätzlich einen Wegbegleiter im Reich der Träume zu haben, einen Freund und Helfer (eine Freundin und Helferin), den (oder die) wir im Traum treffen und ansprechen können, wie zum Beispiel den Alten Zauberer in der Fantasiereise auf Seite 205.

DURCHS TOR DER SCHATTEN

Zu den bemerkenswerten Stationen auf dem Weg mit und zu unseren Lebensträumen gehören seelische Grenzerfahrungen. Diese Grenzfälle treten in unseren Träumen, im Seelenleben häufig als schwarze Nacht oder als dunkle Träume in Erscheinung. Vor der Geburt ihres ersten Kindes träumte eine werdende Mutter immer wieder, dass sie durch ihr Haus lief. Es war dunkel, und sie fand keinen Lichtschalter. Ein Student träumte vor seinem Examen wiederholt, dass er auf seinem Fahrrad in einen Tunnel fuhr, worauf er dann jedes Mal erwachte.

Wenn die Seele „schwarz" sieht, gilt dies üblicherweise als Alarmsignal. Es ist und bleibt auf der einen Seite tatsächlich ein Zeichen der Bedrohung und ein Warnhinweis, wenn die Träume sich verfinstern, wie ein Film, der dunkler und dunkler wird. Hier ist möglicherweise sofortige Hilfe nötig. Bei einem Manager kündigte sich ein Burn-out-Syndrom (völlige Erschöpfung, Schreckhaftigkeit und Belastungsunfähigkeit) dadurch an, dass er sich tagsüber überhaupt wieder an seine Nachtträume erinnerte – und diese zeigten verschiedene Bilder der Dunkelheit, Tore,

Wenn in Träumen unbekannte und finstere Motive auftauchen, kann dies ein Warnhinweis sein.

Fenster oder Schränke, die er im Traum öffnete, um jeweils in eine dunkle Leere zu schauen.

Neben diesen Warnträumen gibt es jedoch auch ermutigende Träume, die zwar ebenfalls dunkel oder schwarz aussehen, die aber mit den Warnträumen keineswegs verwechselt werden dürfen. Zu diesen positiven Traumszenarien gehörten die erwähnten Träume der werdenden Mutter und des Studenten vor seinem Examen.

Denn es gibt, neben dem Warncharakter, völlig anders gelagerte Gründe für die Erfahrung der „schwarzen Nacht der Seele“: Die Seele wird im Allgemeinen mit einem Spiegel verglichen. Ein Spiegel aber kann nur solche Ereignisse wiedergeben, von welchen er bereits ein Bild, einen Eindruck erhalten hat. „Auch und gerade das erscheint der Psyche als dunkel, was alle ihre bisherigen Ahnungen übersteigt. Genau in dieses Neuland jenseits von Vorbild und Vor-Erfahrung bewegen wir uns aber, wenn wir uns persönlich verändern und dabei seelisch wandeln. Unsere Träume und Ahnungen gleichen dann einem dunklen Tunnel; sie sind in diesem Fall Symbole des Wandels, Zeichen eines bevorstehenden oder sich ereignenden Übergangs“ (Johannes Fiebig).

Wo unser Leben ganz neue Bereiche oder neue Dimensionen erreicht, wo wir jedes Beispiel oder jede Vorahnung hinter uns lassen, da muss die Seele nachkommen, um am neuen Ort neue Eindrücke zu sammeln und zu neuen Bildern zu verdichten. Diese Nacht der Seele hat nichts mit Tod zu tun, sondern eher einer Art Auferstehung und Neubeginn, einem Übergang der Seele in ein gewandeltes Inneres.

Wie Blumen regelmäßig frisches Wasser, so braucht die Seele intakte, lebendige Gefühle. Traumdeutung dient zunächst einfach der Seelenpflege, sie fördert eine Achtsamkeit im Umgang mit sich und anderen. Die Psyche dankt dies mit einer persönlichen Frische, die sich aus einer lebendigen Seele wie aus einer inneren Quelle stetig leicht erneuert.

Und noch mehr: Bis zu den soeben benannten Grenzen, wo der Weg ins Neuland auch das bisherige Fassungsvermögen der Seele übersteigt, sind es gerade die Seele und die innere Stimme, welche uns für unseren Lebensweg wesentliche

Hinweise und Orientierungstipps zu geben vermögen.

Aber wo etwas qualitativ Neues in unserem Leben beginnt, wo sich eine wirkliche Wandlung abzeichnet, kann die Traumdeutung nicht mehr wegbereitend vorarbeiten, sondern „nur“ die praktischen Erfahrungen, welche wir auf dem neuen Terrain, auf einem veränderten Level oder einem neuem Lebensniveau machen, seelisch nachbilden und verarbeiten. Und auch das ist notwendig, um die Seele nachzuholen in die neue Situation, damit sie sich wieder in Übereinstimmung mit der Realität befindet.

Darin liegt nun eine Wendemarke der Traumdeutung: Träume zu haben, heißt nicht mehr nur, sich etwas zu wünschen, etwas noch vor sich zu haben, vom Leben etwas zu erträumen. Träume zu haben, heißt nun zusätzlich auch, sich etwas gewünscht und es erreicht zu haben, vom Leben etwas erträumt und errungen zu haben; einen traumhaften Alltag auszuleben, der auch nachts noch nachschwingt und im Traume nachklingt.

Wenn die Seele dunkle Traumbilder produziert, deutet es auf eine Art Neuanfang hin.

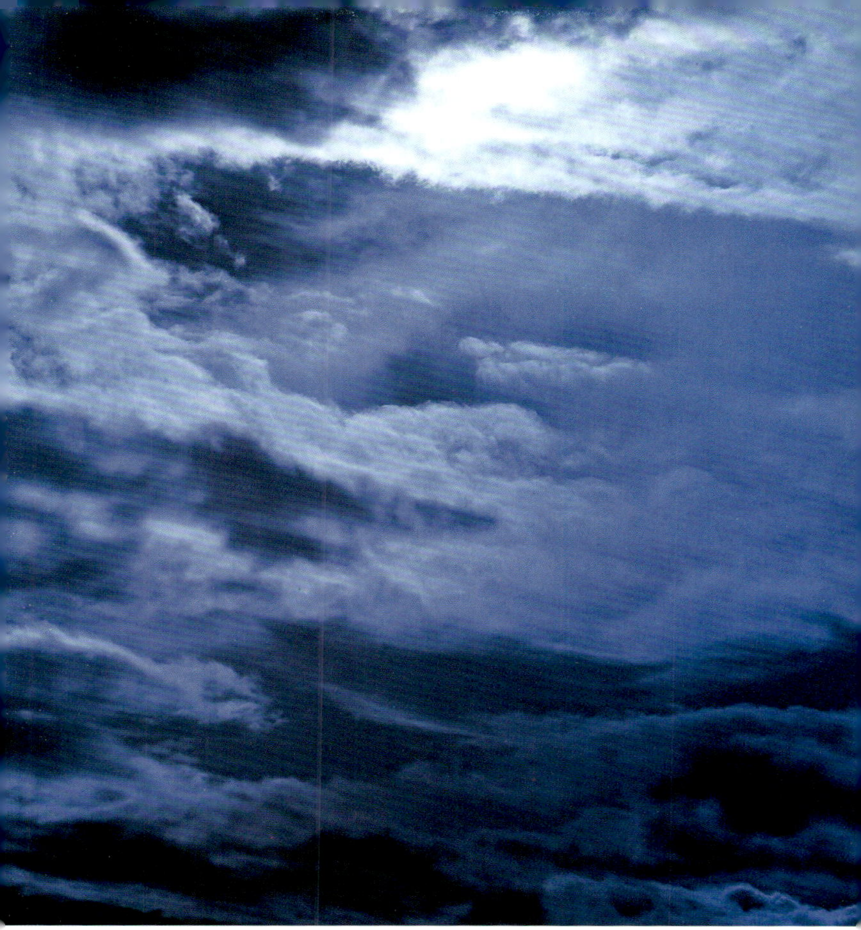

TRAUMDEUTUNG – DAS A UND O

Drei Dinge sollten Sie berücksichtigen, bevor Sie sich intensiv mit Ihren Träumen beschäftigen – betrachten Sie sie als Tipps Ihrer Traumfee, die über Ihre Träume wacht:

- Nehmen Sie Ihre Träume ernst, aber vergessen Sie nicht, dass es sich um Bilder und Symbole handelt. Wenn Sie zum Beispiel von einem Schwimmbad oder einer Dusche träumen, kann sich darin ein Erlebnis in einem Schwimmbad oder unter einer Dusche ausdrücken, es kann sich im Traum einerseits der konkrete, praktische Wunsch äußern, ins Schwimmbad zu gehen oder zu duschen. Dasselbe Traumbild kann jedoch auch symbolisch gemeint sein: als Erlebnis einer seelischen, inneren Reinigung oder als Wunsch danach, denn Wasser steht stets auch für die Seele und das Gefühlsleben (siehe „Traumsymbole und ihre Bedeutung, Seite 108“).

- Manche Träume sind urkomisch und verwunderlich, andere fantastisch und gespenstisch. Erwarten Sie aber nicht von jedem Traum tiefschürfende Einsichten. Die meisten Träume spiegeln Alltagserfahrungen wider. Sie dienen der Verarbeitung von Tageseindrücken. Hirnforscher bezeichnen die Nachtträume gern als Neuronengewitter, mit denen unser Hirn Spannungen abbaut und fit wird für den neuen Tag. Dennoch: In vielen kleinen und großen Lebensfragen geben unsere Träume wertvolle Hinweise, die unser Tagesbewusstsein wirkungsvoll ergänzen. Nicht selten finden wir so zu intuitiven Lösungen, die unser Tagesbewusstsein allein wohl kaum gefunden hätte.

- Es geht wohlgemerkt um IHRE Träume. Es ist nicht zu empfehlen, die Träume von anderen zu deuten, denn Sie stecken nicht in deren Haut. Wenn andere von ihren Träumen erzählen, entsteht in Ihnen ein Bild, das SIE sich vorstellen – wie genau der Traum des anderen ausgesehen hat, können wir nur erahnen. Daher soll man nicht für andere deuten.

Ratsam ist es jedoch, gemeinsam über Träume zu sprechen. Eine kurze Nachfrage nach den Träumen der Nacht fehlt bei mir zum Beispiel bei keinem Frühstücksgespräch.

Ein bisschen Seelenpflege pro Tag dürfte uns bald genauso selbstverständlich werden wie die tägliche Körperpflege. Wenn wir unsere Träume beachten und uns zu Herzen nehmen, wird es uns gelingen, die schlimmen Träume zu begraben, die guten Träume zu verstehen und ihre Visionen zu verwirklichen.

SO ERINNERN SIE IHRE TRÄUME

Das A und O der Traumdeutung ist die Erinnerung an die nächtlichen Träume. Die Traumerinnerung können wir mit einigen einfachen Mitteln fördern. Eine wichtige Voraussetzung besteht darin, Träume zu achten und die Zeit, die wir mit ihnen verbringen, zu schätzen!

Jeder Traum arbeitet mit Symbolen, das darf man bei der Traumdeutung nicht vergessen.

BEREITEN SIE SICH AUF DIE TRÄUME VOR

Wenn Sie abends nicht zu müde und ohne viel Alkohol oder andere Genussmittel zu sich genommen zu haben ins Bett gehen, nehmen

Zum Erinnern der Träume ist es wichtig, sich Stift und Papier ans Bett zu legen und sie nach dem Aufwachen sofort aufzuschreiben.

Sie sich vor dem Einschlafen ein wenig Zeit zur Besinnung. Lassen Sie den Tagesablauf noch einmal Revue passieren. Und planen Sie ebenso für die Phase des Aufwachens eine kleine kreative Besinnungszeit ein. Geben Sie der Traumerinnerung Raum, indem Sie sich morgens nach dem Aufwachen etwas Zeit für sie nehmen.

Legen Sie vor dem Einschlafen einen Stift und Papier bereit oder stellen Sie ein Aufnahmegerät in Reichweite des Bettes. Diese Utensilien benötigen Sie am Morgen (oder auch, wenn Sie während der Nacht aufwachen). Schreiben Sie Ihre

Träume auf oder sprechen Sie sie auf das Band. Schon dieses Bereitstellen der Hilfsmittel verstärkt Ihre Aufmerksamkeit und die innere Bereitschaft, Träume wahrzunehmen und zu erinnern.

EINSCHLAFEN UND AUFWACHEN VORBEREITEN

Für die Erinnerung der Träume am Morgen ist es ganz wichtig, wie Sie morgens aufwachen. Wenn Sie durch einen Radiowecker geweckt werden, der Sie mit den Morgennachrichten aus dem Schlaf holt, werden Sie Mühe haben, Ihre Träume zu erinnern. Alle plötzlichen und heftigen Signale, die Sie aus dem Schlaf holen, verscheuchen das Nachtbewusstsein.

TECHNIKEN DES SANFTEN ERWACHENS

Für jeden, der morgens zu einer bestimmten Zeit aufwachen muss, empfiehlt es sich, einen „sanften" Wecker zu benutzen - einen, der in Intervallen nicht zu laute Töne von sich gibt. Sie werden so allmählich und sehr viel geruhsamer aus dem Schlaf geholt und nicht gleich mit neuer Information konfrontiert. Wenn Sie also etwas Zeit zum Aufwachen einplanen und sich nicht zu schrill ins

Wachbewusstsein rufen lassen, werden Sie unter diesen Aufwachbedingungen in der Regel zumindest Ihren letzten Nachttraum erinnern.

Eine andere Technik des allmählichen Übergangs zwischen Schlaf- und Wachzustand besteht darin, das Unterbewusstsein auf eine bestimmte Aufwachzeit zu programmieren. Diese Technik ist besonders dann relativ leicht zu erlernen, wenn man täglich etwa zur gleichen Zeit aufstehen muss.

Schreiben Sie Ihre Träume in der Reihenfolge auf, wie sie Ihnen in den Sinn kommen, auch wenn sie zusammenhanglos erscheinen. Wichtig sind Gefühle, Stimmung, Ideen, Bilder, die Ihnen dazu einfallen.

Man geht wie folgt vor: Wenn Sie morgens um sieben Uhr erwachen müssen, nehmen Sie sich vor dem Einschlafen vor, zehn Minuten vor dieser Zeit aufzuwachen. Sie sagen sich still im Inneren: „Ich wache morgen früh um zehn vor sieben auf." Und dann schlafen Sie ein. Stellen Sie sich dennoch den Wecker auf sieben Uhr, sodass Sie nicht unter unnötigen Stress geraten. Nach einer bestimmten Weile werden Sie regelmäßig und ohne Probleme zu der gewünschten Zeit aufwachen.

Nach dem Aufwachen kommt es darauf an, sich wenig und nicht zu ruckartig oder zu heftig zu bewegen. Solche Bewegungsimpulse könnten die

Traumerinnerung stören. Stellen Sie den Wecker aus, und bleiben Sie die zehn Minuten bis zum Aufstehen ruhig im Bett liegen. Lassen Sie ganz einfach die Erinnerung an Ihre Träume aufsteigen. Auch wenn Sie sich vielleicht zunächst an nichts Konkretes erinnern können, lassen Sie sich in Ihre Stimmung fallen und gehen Sie spontan aufkommenden Bildern und Gedanken nach.

ERINNERN OHNE BEWERTUNG

Schreiben Sie das auf (oder sprechen Sie es in das Aufnahmegerät), was von der Nacht übrig geblieben ist: ein Gefühl, eine Stimmung, Ideen oder Bilder. Zu beachten ist, dass dieser Vorgang möglichst „automatisch“, ungesteuert und unzensiert vonstatten geht. Wichtig ist, dass Sie zunächst Ihre Traumerinnerungen möglichst authentisch, das heißt möglichst echt und unverfälscht, zu Papier bringen oder aufnehmen. Selbst wenn die Schrift Ihrer Notizen dadurch teilweise unleserlich bleibt oder wenn Ihr „Diktat“ etwas zusammenhanglos, eben schlaftrunken oder sogar „gelallt“ wirken sollte: Streben Sie auf keinen Fall eine perfekte Story oder eine logische, zusammenhängende Geschichte an. Die Deutung und die

Auswertung der Träume erfolgt erst viel später: zum Beispiel wenn Sie geduscht haben und beim Frühstück sitzen oder abends, wenn Sie von der Arbeit nach Hause kommen. Im Moment des morgendlichen Wachwerdens aber kommt es nicht auf Logik und nicht auf druckreife Sätze an. Hier zählt nur die möglichst große Nähe zur Traumerinnerung und zum Traumgeschehen selbst.

Erinnern Sie sich also an Ihre Träume zunächst völlig ohne jede Bewertung und Deutung. Notieren Sie Ihre Eindrücke, Erinnerungen und Gefühle beim Wachwerden „ohne Punkt und Komma".

EIN TRICK ERLEICHTERT DIE TRAUMERINNERUNG

Wenn Sie das regelmäßig tun, geht es Ihnen ähnlich wie beim Joggen: Sie trainieren Ihre Traumerinnerung und legen allmählich immer weitere Strecken ins Reich der Träume zurück. Es kommt dabei auf die Regelmäßigkeit der Beschäftigung mit der Traumwelt an. Eine kurze, möglichst tägliche Beschäftigung mit den Träumen ist der effektivste Weg. Allerdings sollten vor dem Aufstehen zehn Minuten für Traumerinnerung und kurze Notizen nicht unterschritten werden.

Ein kleiner Trick hilft Ihnen, sich noch besser an Ihre Träume zu erinnern: Jeder Mensch hat Vorlieben für bestimmte Schlafpositionen, und dies sind jene Positionen, in denen wir träumen. Wenn wir uns nach dem Aufwachen wieder in unsere bevorzugte Schlafstellung begeben, erinnern wir unsere Träume leichter. Die Körperstellung im Bett ist ein Schlüssel zur Traumerinnerung. Wenn Sie Ihre Träume schon erinnert und notiert oder aufgenommen haben, begeben Sie sich noch einmal in Ihre Lieblingsschlafstellung. Oft fallen Ihnen dann weitere Träume oder Details eines schon erinnerten Traums ein.

Ein Traumfänger kann helfen, sich am Morgen an die Träume der Nacht zu erinnern.

Das beflügelt Ihre Traumerinnerung:

- Hängen Sie einen Traumfänger in oder vor Ihrem Schlafzimmer auf. Wenn Sie keinen Traumfänger mögen, wählen Sie ein Buch, einen Stein, einen Spiegel oder etwas anderes, das Sie positiv an Ihre Träume erinnert.
- Reinigen Sie Ihr Schlafzimmer von störenden Gerüchen. Wenn Sie mögen, wählen Sie einen beruhigenden Duft, der Sie unterstützt.

- Ideal ist eine kleine Meditation vor dem Einschlafen. Notieren Sie eventuelle Gedanken an Eindrücke oder Erledigungen kurz auf einen Notizblock und bringen Sie diesen anschließend außer Sichtweite. Dann sind Sie frei für die Nacht.
- Legen Sie Stift und Papier bereit oder stellen Sie ein Aufnahmegerät in Reichweite des Bettes.
- Legen Sie sich abends nicht zu müde schlafen. Planen Sie für morgens etwas Zeit zwischen dem Aufwachen und dem Aufstehen ein.
- Genießen Sie die Zeiten vor dem Einschlafen und nach dem Aufwachen.
- Notieren Sie Träume möglichst „automatisch", ohne große Logik oder Mühe.
- Nutzen Sie Ihre Lieblingsschlafstellung.
- Eine kurze, aber möglichst tägliche Beschäftigung mit den Träumen ist der effektivste Weg zur Entschlüsselung Ihrer Träume.

DIE HÄUFIGSTEN TRAUMMOTIVE

Ein abfahrender Zug ist ein typisches Traumsymbol vieler Menschen. Es kann bedeuten: Jemand hat tatsächlich vor, mit dem Zug zu fahren, und Angst, ihn zu verpassen, oder er meint, er habe in seinem Leben den Anschluss verpasst.

Bei aller Vielfalt ihrer Inhalte weisen Träume bestimmte typische Motive auf, die weit verbreitet und häufig zu beobachten sind. Auf solche typischen Motive haben bereits Sigmund Freud und Carl Gustav Jung hingewiesen, und die heutige psychologische Praxis bestätigt deren Vorhandensein ebenfalls.

Typische Motive sind unter anderem:

- Fallen
- Fliegen
- von gefährlichen Tieren oder Menschen verfolgt werden
- unzulänglich oder absurd bekleidet sein oder gar nackt sich an öffentlichen Plätzen zeigen
- sich in einer unmöglichen Situation befinden
- einen Zug oder einen Termin nicht erreichen
- Prüfungsträume
- sexuelle Situationen
- Labyrinth und Chaos
- Horror- und Albträume

Diese und andere typische Traummotive sollen in diesem Kapitel mit ihrer Bedeutung vorgestellt werden. Dabei wird sich zeigen, auf welche Weise diese Traumbilder bestimmte Warnungen, aber auch wichtige Ermutigungen mitzuteilen haben.

FALLEN UND FLIEGEN

Zum Motiv des Fallens und Fliegens zählen u. a. folgende Traumbilder: Flugzeuge, Luftballons und andere Fluggeräte oder Flugobjekte, Vögel, Engel, Flügel, manchmal auch besonders hohe oder besonders tiefe Örtlichkeiten, Rausch-, Schwebe- und Schwindelzustände, Fahrten, Bewegungen oder Ereignisse von besonders großer Geschwindigkeit.

TRAUM 1: Eine Studentin, 24 Jahre alt, träumte: „*Ich steige eine Leiter empor, es ist eine Rolltreppe inmitten von Himmel und Wolken. Ich genieße die Aussicht und das Gefühl, empor gefahren zu werden. Doch auf einmal bin ich am oberen Rande der Rolltreppe angelangt, da gibt es keinen Platz, um stehen zu bleiben. Wie ein Förderband bewegen sich die Treppenstufen weiter, d. h. wieder nach unten zurück. Unvermeidlich fange ich an zu fallen. Ich falle durch die Wolken. Mit einem unangenehmen Gefühl werde ich wach.“*

TRAUM 2: Dieselbe Frau, Jahre später, inzwischen Ärztin, schildert folgenden Traum: *„Während der Gesang eines großen Chores zu hören ist, sehe ich einen großen Adler oder Rochen und ich weiß im Traum, dass ich dieser Adler oder Rochen bin, der wie in Zeitlupe mit majestätischen Flügelschlägen auf ein Kirchenportal zufliegt.“*

Treppensteigen im Traum bringt nach Sigmund Freud oft Angstgefühle zum Ausdruck.

TRAUM 3: Ein Mann, Anfang 40: *„Ich bin mit meinen Brüdern in dem Schwimmbad, das wir in unserer Kindheit oft besuchten. Ich sehe den Sprungturm und sehe mich durch die Luft fliegen …“* Auf Befragen nach seinem Empfinden: angenehme, prickelnde Gefühle von Abenteuer, Wunsch nach Fortdauer.

TRAUM 4: Ein Junge, 6 Jahre alt, erzählt mit Freude und sichtbarer Heiterkeit: *„Ich bin heute Nacht bei K. vom Balkon gesprungen …“*

TRAUM 5: Ein Mann, Anfang 30, „Büromensch und Schreibtischtäter“, wie er sich selbst

Das Motiv des Fliegens in Zusammenhang mit einem majestätisch am Himmel kreisenden Adler kann auf sexuelle Energien und/ oder starke Lebenskraft hinweisen.

beschreibt: *„Zweimal habe ich diese Woche davon geträumt, ich sei Pilot. Ich saß im Cockpit, kontrollierte die Armaturen und sah einen herrlichen Horizont weit vor mit. Jedes Mal hatte ich im Traum das Gefühl, wie selbstverständlich dorthin zu gehören, so als sei dies mein eigentlicher Beruf."*

Während Flugträume von angenehmen und lustvollen Gefühlen begleitet sind, bringen Fallträume häufiger Angstempfindungen zum Ausdruck. Beides - Lust und Angst - tritt nicht selten auch gemeinsam auf; dafür ist der TRAUM 1 nur ein Beispiel. Wie in den TRÄUMEN 3 und 4 vermag aber ein Fallen, das sich an einen Sprung anschließt, ausgesprochen heitere Gefühle zu vermitteln.

Die sexuelle Bedeutung dieser Träume ist mehr oder weniger offensichtlich. Für Freud wiederholten Flug- und Fallträume vor allem Erinnerungen an Kindheitsspiele. Für Jung stand alles Luftige und Fliegende in Beziehung zum Geistigen. Oft betonte er dabei die Gefahr, geistig „abzuheben", gelegentlich auch die Ermunterung zu größeren geistigen Anstrengungen.

Das Treppensteigen (TRAUM 1) gilt seit Freuds „Traumdeutung“ als klassische Darstellung einer Orgasmuskurve mit ihrer steigenden, dann wieder fallenden Spannung und Erregung. Der Balkon (TRAUM 4) symbolisiert nach Freud den weiblichen Busen. Und so mag der Junge mit sechs Jahren eine besondere Heiterkeit auch deshalb empfunden haben, weil der Traum ihm zeigte, dass ihm der „Absprung“ von der Mutterbrust gelungen ist oder gelingt (ein Empfinden, das - soweit es von heimlichen Ängsten begleitet ist - durch die Erfahrung am folgenden Morgen, dass die Mutter dennoch weiter für ihn da ist, beruhigt und bestärkt wird).

Die Lust am Springen und Fallen, wie sie sich auch im TRAUM 3 ausdrückt, steht möglicherweise für die Wiederholung (oder den Wunsch nach Wiederholung) einer solchen befreienden Kindheitserfahrung. Allerdings ist am Sprungturm das Sprungbrett sowohl im Sinne eines Balkons und „Vorbaus“ als weiblich-mütterliches Symbol zu verstehen, wie auch der Turm als Phallussymbol eine männlich-väterliche Bedeutung vertritt. Die Lösung von den Eltern ist im Allgemeinen als maßgeblicher Hintergrund für Lust- oder

Angstempfindungen bei den Flug- und Fallträumen zu verstehen.

Die Studentin, die den TRAUM 1 hatte (Rolltreppe in die Höhen des Himmels, mit anschließendem freien Fall), berichtete zunächst von dem unangenehmen Gefühl, das sie im Traum beim Fallen begleitet und das auch nach dem Aufwachen fortbestanden hatte. Sie erinnerte einen Zeichentrickfilm („Tom & Jerry"), in dem sie ein ähnliches Geschehnis wie in ihrem Traum einmal gesehen hatte. Die Erkundigung nach den Umständen des Filmbesuchs ergab keine weiteren Aufschlüsse. Dagegen äußerte sie die Enttäuschung darüber, dass die Rolltreppe in den Himmel sich nicht in größere Höhen fortgesetzt habe. „Der Höhepunkt war noch gar nicht erreicht", bemerkte sie und fügte erst verlegen, dann lachend hinzu: „Meinen Höhepunkt in der Sexualität erreiche ich doch eigentlich …, aber ich habe oft das Bedürfnis, mehr zu erleben und mehr zu erreichen." – „Wie wäre es", erwiderte ich, „wenn auch dieses Mehr schon im Traum enthalten wäre?!" – Fragendes Achselzucken als Antwort. – „Das Fallen im Traum zeigt Ihnen, wie es jetzt weitergeht und wie Sie mehr erreichen." – „Und wenn das Fallen eine Falle ist?", brachte sie mit Skepsis und Neugier hervor.

Einige Jahre später träumte sie den unter NR. 2 wiedergegebenen Traum. Er hatte einen besonderen Eindruck hinterlassen. Sie besuchte mich wieder, erzählte von diesem Traum und kam von sich aus auf den früheren „Tom & Jerry"-Traum zu sprechen. Dieser frühere Traum, den sie anfangs mit unangenehmen Gefühlen und Skepsis verband, habe ihr gezeigt, dass sie mehr riskieren und „alles geben" solle. Er sei für sie zum Wegweiser geworden, als sie das Studium abschloss und ihre Facharzt-Ausbildung aufnahm. Und auch in ihren privaten Beziehungen und ihren sexuellen Erfahrungen habe sie (noch) mehr Glück gefunden, seit ihr das Fallen „geistig und seelisch vertraut" geworden sei.

Der TRAUM 2 (Adler/Rochen fliegt wie in Zeitlupe auf Kirchenportal zu) wirkte tatsächlich wie eine Antwort, wie eine Lösung für die Fragen, die sich in der Deutung des TRAUM 1 aufgetan hatten. Eine starke Lebenskraft, auch sexuelle Energie, drückt sich im Motiv des Fliegens wie auch

Das Motiv des Fliegens ist nicht nur bedeutend in den Träumen Einzelner. Es ist auch ein uralter Menschheitstraum, der hier zum Ausdruck kommt.

des majestätischen „Adler oder Rochen“ aus. Wie ein Adler hatte sie gleichsam die gewünschte (Lebens-) Höhe erreicht, während der Rochen gleichzeitig die Wasserwelt der Gefühle und ihre Tiefen mit beinhaltete.

Was bedeuten dabei Kirchenportal und Chorgesang? Nach psychoanalytischer Auffassung symbolisiert die Kirche im Traum Fraulichkeit und Weiblichkeit. Das Portal zur Kirche zeigt so den Zugang der Träumerin zu sich selbst. Damit ist der Zugang zum eigenen Geschlecht ebenso gemeint, wie der Eingang in ein „Heiligtum“ in der Weise, dass die Träumerin den Weg zu ihren eigenen Werten findet, zu dem, was ihr lieb und „heilig“ ist. Das Kirchenportal bezeichnet somit den Zugang, den Eintritt, den Übergang zu Sinn und Sinnen (Sinnlichkeit und Sinnhaftigkeit) für das persönliche Leben. - Im Gespräch über den Traum fiel ihr der Liedvers ein: „Deiner Sehnsucht wachsen Flügel, wenn sie wieder ein Ziel hat…“ Eine machtvolle Sehnsucht drückte auch das Symbol „Gesang eines großen Chores“ in ihrem Traum (NR. 2) aus. Alle Seiten ihrer Seele stimmten gleichsam in dieses Fliegen, in die Suche nach dem „Kirchenportal“ mit ein. - Der Traum machte damit deutlich: Sie hatte den Wunsch, ihren eigenen Sinn und ihre eigene Sinnlichkeit zu finden. Dies zu verwirklichen, lag in der Praxis noch vor ihr. Doch der Traum hatte ihr ein klares Bild ihres Weges und ihres Zieles gezeigt. Sie war, auch das bedeutete der TRAUM 2 im Vergleich zu TRAUM 1, flügge geworden und verfolgte nun ihren eigenen Kurs zwischen Himmel und Erde. Aus dem Fallen war ein Fliegen geworden.

Das Motiv, fliegen zu können, spielt nicht nur in den Träumen Einzelner eine Rolle, es war und ist auch ein Menschheitstraum. Wo vor hundert Jahren eher Beobachtungen des tatsächlichen Verhaltens der Vögel oder Vorstellungen von Engeln das Material lieferten, dessen sich die Träume bedienten, sind es heute eher eigene Erfahrungen aus dem Flugtourismus und Bilder vom Fliegen aus dem Fernsehen und anderen Medien, die unsere Träume bevölkern. So auch im TRAUM 5, worin ein Mann sich „wie selbstverständlich" als Pilot sieht.

Die sexuelle Bedeutung, die stets mitschwingt, wenn von „Vögeln und Fliegen" die Rede ist, wird in seinem Traumbericht noch dadurch unterstrichen, dass ausdrücklich vom „Cockpit" (deutsch u. a. „Hahnengrube", „Schwanzspitze") die Rede ist. Daneben kann der Traum die Sehnsucht ausdrücken, abzuheben, Grenzen zu überfliegen und, wie der Träumer erwähnte, „herrliche Horizonte" zu entdecken. Ebenso mag er eine Flucht vor unangenehmen Aufgaben oder Schwierigkeiten verdeutlichen. Mit dem Reich der Lüfte ist symbolisch, wie C. G. Jung bereits bemerkte, immer auch die Welt des Geistes gemeint. In diesem Reich zum Piloten, zum „Flugkapitän" zu werden, bedeutet, in

geistigen Dingen sich unabhängig und selbstständig orientieren und entscheiden zu können. – Das Gespräch mit dem Träumer von TRAUM 5 zeigte, dass diese verschiedenen Aspekte gleichzeitig für ihn von praktischer Bedeutung waren. Er suchte sexuell „neue Horizonte“ und eine Bestärkung seiner Männlichkeit, sah sich dazu im Alltag sowohl ermuntert wie auch in der Gefahr, sich selbst zu verlieren. Doch als sein persönlicher Kristallisationspunkt in dieser Traumdeutung stellte sich für ihn sein Beruf heraus. Er hatte sich mit den Worten „Büromensch und

Träume vom Fallen und Fliegen sind nicht selten Ausdruck sexueller Gefühle.

Schreibtischtäter“ vorgestellt und den Traum mit den Worten beendet: „So als sei dies mein eigentlicher Beruf.“ Der hier dargestellte und andere Träume veranlassten ihn dazu, seinen Beruf zu wechseln: Vom Sachbearbeiter wurde er zum Reiseunternehmer.

VERFOLGEN UND VERFOLGT WERDEN

Zum Traummotiv des Verfolgens und Verfolgtwerdens gehören unter anderem auch folgende Traumbilder: Doppelgänger, Schatten, Bruder, Schwester und andere Verwandte oder ständige Begleiter/innen, Verfolgungsfahrten, Wettlauf mit Personen, Tieren, Dingen, Ereignissen oder der Zeit (Wettlauf mit der Uhr), weg- oder nachlaufen, hinterherhinken, ein Ziel verfolgen, eine Vorschrift befolgen, von einem Gedanken oder einer Erinnerung verfolgt werden u. v. m.

Die Träume, in denen dieses Motiv eine Rolle spielt, zerfallen in zwei große Gruppen: Oft sind Verfolgungsträume von Empfindungen großer Angst oder seelischer Not begleitet. Genauso oft drücken Träume mit dem scheinbar gleichen Motiv auch eine eigentümliche Spannung, einen Nervenkitzel aus, wie wir ihn z. B. von Krimis kennen. Diese Gruppe von Verfolgungsträumen ist nicht selten auch von einem Lustgefühl des Jagens und Gejagtwerdens begleitet.

In der Deutung ist vor allem darauf zu achten, wer hier wen verfolgt und wen oder was Verfolger sowie Verfolgter symbolisieren. Diese Fragen haben Freud besonders interessiert, und er hat u.a. herausgefunden, dass mit wilden Tieren in der Regel „leidenschaftliche Triebe" und mit „bösen Tieren, Hunden, wilden Pferden" besonders ein „gefürchteter Vater" auch in Verfolgungsträumen auftreten können.

Jungs Augenmerk richtete sich demgegenüber mehr darauf, dass sich in Verfolgungsträumen ein Teil des (eigenen) Schattens bemerkbar macht. Verfolgter und Verfolger sind in dieser Betrachtung wie Doppelgänger, der eine das „alter ego" des anderen, sein „zweites Ich". Wenn wir im Traum von einem Tier, von einem Unhold oder einer Unholdin verfolgt werden, kann dies eine unbewusste Seite der eigenen Persönlichkeit sein, wir laufen uns quasi selber nach.

Dabei ist es wichtig zu wissen, dass die Haupteigenschaft des Schattens zunächst seine Unsichtbarkeit, seine Unmerklichkeit ist. Wenn uns sonst unbemerkte Schattenseiten nun im Traum in Gestalt einer Verfolgung deutlich werden, so liegt allein darin schon ein großer Gewinn, der auch dann wertvoll bleibt, wenn diese Träume zunächst mit Ängsten verbunden sind. Denn sie zeigen uns, dass etwas Unbewusstes an die Oberfläche drängt.

Alle Figuren, die in einem Traum erscheinen, können für fremde Personen stehen, aber auch für Seiten der eigenen Person. Von daher ergänzen sich die beiden Betrachtungsweisen von Freud und Jung. Oft stellen Verfolgungsträume auch eine Umkehrung jener Träume dar, in welchen wir nicht von der Stelle kommen oder ein Ziel zu spät oder gar nicht erreichen; dazu mehr weiter unten.

Schließlich ist noch zu beachten, dass eine Verfolgung im Traum ganz unspektakulär in Erscheinung treten kann, einfach dadurch, dass sich ein bestimmtes Motiv in den Träumen ständig wiederholt. Auch wenn es sich um eine scheinbar harmlose Geschichte handelt, so deutet eine häufige Wiederholung darauf hin, dass ein bestimmtes Thema uns verfolgt oder wir ihm auf den Fersen sind.

TRAUM 6: Ein Geschäftsmann, Mitte 50, berichtet: *„Da ist ein Traum, der in vielen Varianten häufig wiederkehrt: Ein junger Mann verfolgt mich, in größerem oder kleinerem Abstand, auf der Straße, in einer Stadt mit vielen Leuten oder durch ein Warenhaus, letztens sogar durch einen U-Bahn-Schacht. Ich kann den jungen Mann im Traum nicht genau identifizieren und weiß weder im Traum noch beim Wachwerden danach, was er von mir will. Dennoch sind diese Träume für mich sehr unangenehm, und ich denke nur mit Widerwillen daran."*

TRAUM 7: Eine junge Hausfrau und Mutter: *„Es fing an mit Träumen, in denen ich mich ständig und ohne bestimmten Grund gehetzt fühlte. Diese Träume beunruhigten mich. Aber seit einem Jahr habe ich Träume, von denen ich mich regelrecht verfolgt fühle. Jedes Mal bin ich mit meinem Kind, das in seinem Kinderwagen sitzt, unterwegs und komme in schlimme Situationen.*

Einmal fing der Kinderwagen von selbst an zu fahren, zog mich schleudernd hinter sich her, und ich hatte im Traum Angst, in einen Abgrund zu stürzen oder auf eine viel befahrene Straße gezogen zu werden. Einmal zog mich der Kinderwagen in Versammlungen, einmal auch in Geschäfte, und jedes Mal war plötzlich ein Kreis von Menschen vorhanden, die entweder drohend auf mich zugingen oder auf mich einschlugen, während mein Kind dabei lachte."

Beide Träume - 6 und 7 - werden hier vorgestellt, weil in beiden Fällen die Kindheit oder Jugend der Grund für die Verfolgung oder Drohung im Traum waren. Allerdings erwiesen sich die praktischen Konsequenzen der Traumdeutung dabei als höchst unterschiedlich.

TRAUM 6: Erst der Hinweis im Gespräch über diese Träume, dass es möglicherweise die eigene Jugend ist, die ihm hinterherläuft und ihn verfolgt, machte den Mann stutzig. Er beschäftigte sich in der Folgezeit vermehrt mit seinen Träumen und dabei aber auch mit den Erinnerungen an seine Jugendzeit.

Die aktive Traumdeutung blieb nicht ohne Wirkung: Eines Nachts war es soweit, der Traum zeigte eine der inzwischen schon gewohnten Verfolgungsszenen, aber diesmal war der Verfolger schneller und holte das „Traum- Ich" ein. Der

Verfolger schlug dem Fliehenden auf die Schulter, und während der Träumer dabei im Traum fürchterlich erschrak, erlebte er gleichzeitig noch im selben Traum eine kolossale Erleichterung. Verfolger und Verfolgter fielen sich gegenseitig in die Arme, sprachen miteinander und gingen ein Stück des Weges gemeinsam. Seit dieser Begegnung im Traum haben für den Betroffenen die Verfolgungsträume, die sich vorher über Jahre wiederholt hatten, aufgehört.

„In meiner Jugend habe ich viel entbehrt und mich oft sehr unglücklich gefühlt“, berichtete der Mann, „durch meine Träume habe ich es verstanden, mich mit meiner Jugendzeit auszusöhnen und vor den unerquicklichen Zeiten meines Lebens nicht mehr zu fliehen.“

Ganz anders dagegen das Ergebnis von TRAUM 7: Nachdem ihr Kind im Kinderwagen sie schon mehrfach in gefährliche Traum-Situationen gebracht hatte, erlebte die junge Frau regelrechte Albträume, worin sich das Kind bis zu einer Größe aufblähte, größer als die eines Erwachsenen, und auf die Mutter losging, ihr Augen, Mund und Nase zudrückte. Nachdem sich diese Träume über eine gewisse Zeit wiederholten und zugleich dramatisierten, träumte die Frau eines Nachts davon, wie sie dieses Kind umbrachte. Sie fühlte sich im Traum unmittelbar erleichtert, und die vorherige Traumszene setzte sich nicht weiter fort. Dennoch fühlte sie sich befangen und schuldig. „Ich habe doch keine Mordabsichten gegen mein eigenes Kind", schwor sie unter Tränen. Wie die folgenden Beratungen zeigten, war dieser Verdacht gegen sich selbst zwar unbegründet. Jedoch waren ihr aggressive Verhaltensweisen nicht fremd - dabei handelte es sich um Aggressionen gegen sich selbst, was sich herausstellte, als sie eines Tages zum vereinbarten Termin mit einer nicht unerheblichen Verletzung erschien, die sie sich „unabsichtlich" selbst beigebracht hatte. Diese offensichtliche Verletzung war in dem Fall eine wichtige Spur zur Aufklärung ihrer langen Traumszene: Obwohl das Kind im Traum ihrem leiblichen Kinde ähnlich gesehen hatte, hatte der Traum die Figur dieses Kindes gleichsam wie eine Schauspielerin benutzt, um der Träumenden ihr inneres Kind vor Augen zu führen. Sie hatte mit ihrer eigenen Kindheit nicht nur nicht abgeschlossen, sondern da gab es tatsächlich kindische Gewohnheiten,

Der Traum von Kind und Kinderwagen kann auf die eigene Kindheit des Betreffenden hinweisen.

mit denen sich diese Frau in ihrem Alltagsleben in bedrohliche und unmögliche Situationen brachte, so wie es der Traum auf eine drastische, aber kennzeichnende Art dargestellt hatte.

Erst der Bruch mit diesen kindlichen Seiten, insbesondere mit der Weigerung, selbst erwachsen zu werden, brachte der Betroffenen ihr seelisches Gleichgewicht wieder. Dieser Prozess dauerte zwei Jahre, wobei der Moment, als ihr leibliches Kind in die Schule kam, und sie selbst eine Berufstätigkeit wieder aufnahm, die Wandlung beschleunigte.

Während in TRAUM 6 Ausgleich und Versöhnung zur Aufhebung der Verfolgungsträume geführt hatten, waren es in TRAUM 7 endgültige Trennung und Beendigung einer Lebensphase, die zur Erledigung der Verfolgungsträume führten. (Zu dem hiermit schon angesprochenen Motiv von „Mord und Totschlag“ im Traum vgl. Seite 93.)

NICHT VORANKOMMEN UND ZU SPÄT KOMMEN

Zum Motiv des Nicht-Vorankommens und Zuspätkommens können auch diese Traumbilder zählen: Fesselung, Lähmung, Gefangenschaft, Behinderung, Hindernisse jeder Art u. v. m.

TRAUM 8: Ein Lehrer, Anfang 40, schildert einen seiner Träume so: „*Mit meinem Wagen stehe ich auf einer Straße. Der Wagen rührt sich nicht vom Fleck. Ich bin darüber verwundert.*"

TRAUM 9: Eine Verkäuferin, ebenfalls Anfang 40, träumte: „*Ich stecke in einem Betonfeld fest. Da merke ich, dass nur meine Stiefel feststecken, während ich meine Füße noch bewegen und herausziehen kann.*"

TRAUM 10: Ein Verlagsangestellter, 28 Jahre, erzählt diesen Traum: „*Ich laufe unheimlich viele Treppen hinab. Schließlich komme ich auf einen Bahnsteig und sehe einen Zug, der gerade beginnt abzufahren. Ich bin enttäuscht.*"

TRAUM 11: Ein anderer Lehrer, Mitte 30, berichtet: „*Heute Nacht hatte ich einen Traum, der mich schockte: Ich will zum Bahnhof gehen und verreisen, da ist der Bahnhof nicht mehr da.*"

Sich nicht bewegen oder, wie im TRAUM 8, sich nicht fortbewegen zu können, laufen, ohne von der Stelle zu kommen, oder, wie im TRAUM 9, irgendwo festzukleben und festzuhängen – diese Motive stellen Gegensatz oder Ergänzung zu den Verfolgungsträumen dar. Theoretisch können sie sowohl den Wunsch nach mehr Bewegung und Dynamik (im seelischen Erleben wie im Alltagsleben innezuhalten, etwa weil man sich festgefahren fühlt) zum Ausdruck bringen wie auch danach, im gewohnten „Lauf" der Dinge innezuhalten (Wunsch oder Abwehr).

Zu seinem Traum (NR. 8) fiel dem betreffenden Träumer zunächst seine Verwunderung auf. Er brachte diese damit in Verbindung, dass er gar nicht verstehen konnte, wieso sein Wagen einfach stehenblieb und sich nicht mehr rührte, obwohl er sich doch regelmäßig um Wartung und einen einwandfreien Zustand seines Autos kümmerte. Dabei äußerte er: „Ich muss mich doch auf meinen Wagen verlassen können." Das Wort „verlassen" erwies sich als das geeignete Zauberwort, das zur tieferen Bedeutung seines Traumes führte. Ein aktuelles Thema des „Träumenden“ war es, sich auf sich selbst zu verlassen, dazu gehörte es für ihn auch, sein Gefühl, verlassen zu sein, zuzulassen. Sobald er sich diesem Gefühl öffnete, stellte sich dieselbe Verwunderung wieder ein, die er im Traum erlebt hatte. „Es ist doch komisch“, erklärte er, „ich bin ständig mit so vielen Menschen zusammen, ich wusste gar nicht, dass ich mich dabei auch verlassen fühle.“

Für die Träumerin von TRAUM 9 erbrachte das Deutungsgespräch, dass es für sie „höchste Zeit“ war, aus einem Lebensumfeld, das sie beengte und - wie sie selbst bemerkte - „langsam beerdigte“, buchstäblich auszusteigen. Dabei erzählte sie, dass sie zwei Tage vor diesem Traum zum ersten Mal bei einer Fußpflege (Pediküre) gewesen war. „Ich habe also schon angefangen, meine Füße zu pflegen und zu schützen“, schloss sie lachend, „jetzt bin ich neugierig, wohin mich die Füße tragen werden.“

Als er seinen Traum (NR. 10) erzählte, stand der Betreffende noch ganz im Eindruck von Gefühlen der Niedergeschlagenheit, der Enttäuschung und Vergeblichkeit, die er - auch - in diesem Traum empfunden hatte. Der Hinweis, dass die „unheimlich vielen Treppen“, die er im Traum hinabgestiegen sei, ihn möglicherweise zu seinem Unbewussten oder zu seinen tieferen Wurzeln hinführen könnten, vermochte ihn weder zu ermuntern noch seinen deprimierten Gefühlen eine Richtung zu weisen. Da geschah Folgendes: „Ich verspüre manchmal einen gewaltigen Überdruss“, wollte er sagen. Tatsächlich formulierte er: „Ich verspüre manchmal einen gewaltigen Überdruck.“ Der Versprecher löste Heiterkeit bei ihm und bei mir aus - eine Traumdeutung ohne Worte. „Das ist es wohl“, sagte er dann, „ich mach‘ mir zu viel Druck, warum nehme ich nicht einfach den nächsten Zug, wenn einer abgefahren ist? Ich möchte so viel tun und so viel erleben, aber anscheinend habe ich den richtigen Zug für mich noch nicht gefunden.“

TRAUM 11 ergänzt das bekannte Bild, dass ein Zug bereits weg ist, um die interessante Variante, dass gleich der ganze Bahnhof verschwunden ist. Beim Träumer selbst löste dieser Traum leichtes Entsetzen aus, weil er begeisterter

Bahnfahrer war und ist, andererseits ein Kopfschütteln und Achselzucken, was den möglichen Sinn oder Unsinn dieses Traumes anging. Im Gespräch darüber stellte ich mehrere Deutungsansätze vor: Der Bahnhof symbolisiert oft eine Drehscheibe des Lebens, hier erreichen wir unsere Anschlüsse und Verbindungen, werden die Weichen neu gestellt, wie und wohin unsere Lebensreise gehen soll. Schon das Traumbild, dass ein Zug abgefahren ist, drückt möglicherweise die Furcht davor aus, etwas nicht zu erreichen, oder die Angst, etwas zu versäumen bzw. zu verpassen. In diesem Sinne wäre das Fehlen des Bahnhofs als eine Warnung zu verstehen, dass nicht nur ein Zug, sondern der Zug überhaupt „abgefahren" ist. Der Traum warnt damit vor einer im wahrsten Sinne des Wortes ausweglosen Lage (der Seele) - es sei denn, dass er gerade umgekehrt deutlich machen will: Hör auf, immer wieder weggehen zu wollen, danach zu suchen, irgendwo oder irgendwer anders zu sein.

Für Freud stellte das Ab- oder Verreisen mit einem Zug die Darstellung des Sterbens dar.

Gegenüber den möglichen Gefühlen der Enttäuschung darüber, dass der Zug verpasst worden ist (vgl. auch TRAUM 10), ist es nützlich, Freuds Auffassung von diesen Traumbildern zu kennen.

Für ihn stellte das Abreisen mit dem Zug eine Umschreibung des Sterbens dar. „Er ist abgereist“ heißt dann so viel wie „er ist verstorben“. Freud meinte, die Angst und die Enttäuschung, die im Traum empfunden werden, bezögen sich ursprünglich auf die Angst vor dem Tod. Wenn im Traum dann aber der Zug abfährt, ohne dass der oder die Träumende sich selbst in dem Zug befindet, dann bedeutet der Traum eine Beruhigung und Entlastung gegenüber jenen Ängsten. Freud: „Der Traum sagt dann tröstend: Sei ruhig, du wirst nicht sterben (abreisen).“ Gemäß dieser Auffassung von Freud bedeutet der Traum, worin nun der ganze Bahnhof entschwunden ist, einen nicht nur punktuellen, sondern einen generellen Trost: Sei beruhigt, du wirst nicht „abreisen“, und da ist überhaupt keine Spur, die auf ein „Abreisen“ hindeuten würde.

Wenn man jedoch wie Sigmund Freud das Abreisen mit dem Sterben in Verbindung bringt, muss man allerdings für den TRAUM 11 auch die Möglichkeit in Betracht ziehen, dass das Fehlen des Bahnhofs unter Umständen auch eine Verdrängung des Todes bedeuten kann. - Der (eigene) Tod bedeutet als Traumthema im

Allgemeinen eine Aufforderung, loszulassen und die Frage zu beantworten: „Was will ich in meinem Leben ernten?“ (So bringt es zum Beispiel auch das Motiv des Sensemanns oder des Schnitters im Volksmärchen zum Ausdruck.)

„Ich verstehe nur noch Bahnhof“, scherzte der Träumer von TRAUM 11, „ich werde die Erklärungen beherzigen und schauen, was mir meine nächsten Träume zeigen.“

NACKTHEIT UND SCHAM

Zum Traummotiv Nacktheit und Scham gehören auch folgende Traumbilder: Peinlichkeiten, „ins Fettnäpfchen treten“, „auf der falschen Veranstaltung sein“, Schatz, Diamant, Schönheit, Geheimnis, Verrat, Enthüllung u.a.

TRAUM 12: Ein Computer-Fachmann, Mitte 30, erzählt folgenden Traum: *„Ich sehe mich nackt auf dem Sofa liegen. Ein anderer Mann, ebenfalls nackt, entfernt sich gerade. Beim Erwachen und Erinnern des Traums fühle ich mich sehr glücklich.“*

TRAUM 13: Eine Erzieherin, Mitte 20, träumte: *„Ich befinde mich auf einer Weihnachtsfeier im*

Hause meiner Eltern. Während wir uns an der Krippe versammeln und singen, spüre ich zu meinem Entsetzen, wie mein Rock zu rutschen beginnt. Ich will ihn festhalten, doch er liegt schon am Boden. Mein Erschrecken steigert sich, als ich merke, dass ich untenherum nackt bin. Seltsamerweise haben die anderen es nicht bemerkt. Sie singen unverändert weiter. Ich möchte am liebsten in den Boden versinken." Auf Fragen nach dem Gefühl beim Wachwerden antwortet sie: „Ich bin durch den Traum wachgeworden, wusste erst gar nicht, was los war, und mir war schlecht."

Viele Träume wählen ihre Motive aus Urlaubssituationen, in denen man sich besonders wohl gefühlt hat.

TRAUM 14: Eine Krankenschwester, 42 Jahre, berichtete folgenden Traum: *„Es war im Urlaub, wie in Portugal oder auf Kreta. Wir machten eine Bootsfahrt an der Küste entlang. Als wir in einer Bucht anhielten, entdeckte ich eine höhlenartige Grotte. Auf einmal war auch ein kleines Mädchen da - ich weiß nicht genau, ob es meine Schwester in jungem Alter war-, und ohne ein Wort zu sagen, nahmen wir uns an die Hand und gingen in die Grotte hinein. Vorher hatte ich unsere Kleidung gar nicht bemerkt, aber als wir mitten in der Grotte waren, sah ich, dass ich nackt und voller*

Dreck war. Erde oder Schlamm klebte an meinem Körper, meine Fingernägel waren schwarz, mein Gesicht ganz verschmiert. Das kleine Mädchen oder meine Schwester stand in dem Grottensee und rief, ich solle auch hineinkommen. Da wurde ich wach, ganz benommen und unruhig.“

Sehen, gesehen werden und sich selbst sehen, spielt bei diesem Traummotiv eine wesentliche Rolle. Bei dem Mann, der TRAUM 12 erzählte, führt die Traumanalyse unter anderem zu dem verblüffenden Ergebnis, dass dies sein erster Traum war, an den er sich erinnern konnte, in dem er sich selbst gesehen hatte. In seinen vorherigen Träumen war er stets nur Zuschauer gewesen. Er habe schon alles Mögliche geträumt, so berichtete er, jedoch bisher immer nur so, als sehe er ein Geschehen auf einer großen Kinoleinwand, wie ein Film, der sich direkt vor seinen Augen abspiele, aber nichts mit ihm zu tun habe. Er hatte diese Art zu sehen im Traum bislang nicht weiter beachtet, weil sie ihm selbstverständlich erschien.

Der hier wiedergegebene Traum stellte eine persönliche Wende für ihn dar, die auch ein

Grund für sein Glücksgefühl bei diesem Traum war. „Als ich mich in dem Traum gesehen habe, fand ich mich sehr schön“, fiel ihm ein. Der „andere Mann“, der sich entfernte, bedeutete in diesem Zusammenhang, dass der Traum von dem Wunsch oder der Möglichkeit handelte, „Ja“ zu sich selbst zu sagen, so wie man ist, und aufzuhören, ein anderer sein zu wollen – aus welchen Gründen auch immer.

Nacktheit im Traum steht häufig für eine (neue) „nackte Wahrheit“, die sich in der Regel entweder auf den Körper und die Körperlichkeit oder auf unsere Person und Persönlichkeit bezieht. Freud führte die Nacktheitsträume auf kindliche Exhibitions-(Entblößungs-)Gelüste zurück. Häufig stellt sich bei diesen Träumen ein Widerspruch ein zwischen der eigenen Scham oder Verlegenheit und der offenbaren Gleichgültigkeit der anderen Traumpersonen. Freud erklärte die Ungerührtheit der Anwesenden mit der Tendenz der Träume, einen Wunsch schon als erfüllt darzustellen.

Dass die anderen Traumpersonen, wie in TRAUM 13, die Nacktheit nicht bemerken, ist ein

Ausdruck des Wunsches, sich ohne Verbot oder Strafe nackt zu zeigen, während die empfundene Peinlichkeit darauf hinweist, dass gleichzeitig ein (persönliches) Tabu-Thema berührt wird.

Gerade wenn Nacktheitsträume einen Tabubereich ansprechen, lässt sich jedoch die Gleichgültigkeit der sonstigen Traumpersonen auch in einem anderen Sinne als dem der Wunscherfüllung oder heimlichen Bestätigung verstehen. Die Gleichgültigkeit oder Ungerührtheit ist selbst ein Symbol der Verdrängung, der (seelischen) Starrheit oder Teilnahmslosigkeit gegenüber dem Bereich, der einmal als unerwünscht und zum Tabuthema erklärt worden ist.

Der Träumerin von TRAUM 13 führte der Traum - ganz naheliegend - ihre Geschlechtlichkeit vor Augen. In ihrer Familie, von der der Traum auch handelte, wurden Gefühle, die emotionale Seite der Weiblichkeit anerkannt und gefördert, sexuelle Weiblichkeit jedoch war tabu - auch für sie selbst. „Muss ich mich nicht schämen, solche Träume zu haben?“, fragte sie. Nicht, wenn sie sich ganz so nimmt, wie sie ist, lautete die Antwort. Aber Schamgefühle, ob im Traum oder im Wachen, betonen im positiven Sinne die Unterschiede zwischen den Menschen. Sie schützen vor Schamlosigkeiten und Unverschämtheiten, die ebenfalls zum Inhalt von Nacktheitsträumen gehören können. Nur eine falsche Scham und ein überholtes, veraltetes Tabu können schaden.

Schamgefühle können sinnvoll und sinnlos sein - diese Ambivalenz wurde auch bei der Besprechung von TRAUM 14 deutlich. Das „kleine Mädchen“ könnte die Träumerin selbst als Kind darstellen, aber auch ein Zeichen für eine neue, heranwachsende Seite in der (seelischen) Gegenwart der Träumerin sein. Schmutz und Dreck einerseits und der Ruf, ins Wasser zu kommen (mit der Möglichkeit, sich zu säubern und reinigen) andererseits könnten besagen, dass es jetzt an der Zeit war, alten Ballast abzuwaschen und loszuwerden - ebenso könnte es aber auch darum gehen, anstelle einer in der Kindheit angewöhnten Reinlichkeit sich selbst nun auch mit Schmutz und Dreck (Lebens-Ballast) anzunehmen.

Der Traum ließ beide Deutungen zu. Die Träumerin selbst verspürte nur, dass dieser Traum

Das Motiv des Wassers im Traum steht in Zusammenhang mit Fruchtbarkeit - der Erde und des Einzelnen.

für sie von größerer Wichtigkeit war als andere Träume. „Ich werde mir den Traum merken und meinen nächsten Urlaub abwarten", entschied sie sich. „Vielleicht finde ich diese Grotte. Es war jedenfalls ein ganz besonderes Gefühl im Traum dort zu sein." Erde und Wasser sind die Grundlagen der Fruchtbarkeit der Natur. Der Traum zeigte ihre Chance, (erneut) die Quelle ihrer persönlichen Fruchtbarkeit zu finden, wenn sie intensiv danach suchen würde.

SEX UND LIEBE

Traumbilder mit unmittelbar sexuellem Inhalt bringen entweder entsprechende Wünsche und Ängste offensichtlich zum Ausdruck oder die Sexualität symbolisiert hier etwas anderes: z. B. Kampf, Aggression, Angst, Wut, Sehnsucht (nach Anerkennung, Macht, Verständnis, usw.), Freude, Liebe, Kreativität oder Aspekte der großen Lebensthemen Geburt, Hochzeit und Tod.

Oft gewinnen Sex- und/oder Liebesszenen im Traum einen überraschenden, zusätzlichen Sinn, wenn wir den oder die Partner/in(nen) auch als Anteile der eigenen Persönlichkeit deuten und den sexuellen Höhepunkt auch als ein symbolhaftes Gleichnis verstehen.

Die folgenden Träume sind anschauliche Beispiele dafür.

TRAUM 15: Ein Sozialarbeiter, 33 Jahre, träumte: *„Ich liege im Bett und K. (eine Freundin und Kollegin von mir) beugt sich über mich und küsst mich ganz leicht und zärtlich auf den Mund. Wie in Zeitlupe, ganz bewusst und sachte war das, unbeschreiblich schön."*

TRAUM 16: Eine Geschäftsfrau, Mitte 50, erzählt: *„Heute Nacht habe ich im Traum Herrn Z., den ich im letzten Urlaub oberflächlich kennengelernt und seitdem nie mehr wiedergesehen habe, einen Heiratsantrag gemacht."*

TRAUM 17: Ein Rechtsanwalt, 47 Jahre, berichtet Folgendes: *„Ich hatte einen kuriosen Traum: Ich schlafe mit meiner Partnerin, ganz kraftvoll, dabei sind wir lustig und unbeschwert. Während ich zum Orgasmus komme, wechselt die Szene. Ich sitze an meinem Schreibtisch und organisiere den Terminplan."*

TRAUM 15 und TRAUM 16 hatten bei den Betreffenden zunächst jeweils für Verwirrung gesorgt. Der Sozialarbeiter berichtete von einer besonderen „Seligkeit", die er im Traum empfunden habe und seitdem mit sich trage, und die Geschäftsfrau war ganz erfüllt von der Ernsthaftigkeit des Heiratsantrages, den sie im Traum gemacht hatte. Beide glaubten, dass der jeweilige Traum etwas Außergewöhnliches zu sagen hatte.

Aber was? Die Geschäftsfrau hat sich gefragt, ob dieser Mann ihr wichtiger war, als sie gedacht hatte, und ob der Traum ihr raten wollte, wieder in Urlaub zu fahren. Der Sozialarbeiter verabredete sich mit seiner kollegialen Freundin. „Dabei merkte ich, sie zu treffen, war nett, aber was der Traum mir gezeigt hatte, war etwas anderes", erzählte er.

In beiden Fällen war es hilfreich, die Traumfrau und den Traummann als Aspekte, als seelische Seite der bzw. des Träumenden zu betrachten.

Im Gespräch erwähnte der Sozialarbeiter, scheinbar in einem anderen Zusammenhang, dass ein bestimmtes Buch („Der Tod des Märchenprinzen" von Svende Merian) großen Eindruck auf ihn gemacht und er sich bei der Lektüre stark mit der weiblichen Hauptfigur des Romans identifiziert hatte. Das Buch hatte er in den Tagen vor seinem Traum gelesen. Ich machte ihn auf den möglichen Zusammenhang zwischen seiner Begeisterung für die Romanheldin und seinem Traum aufmerksam. Die Folge war ein regelrechtes „Aha"-Erlebnis des Mannes.

Im Unterschied zu seinen realen Erfahrungen mit seiner Freundin und Kollegin K. konnte er mit ihr als Traumspiegelbild seiner eigenen Weiblichkeit unmittelbar etwas anfangen. „Dann

Traumfrau und Traummann können unter anderem Aspekte der seelischen Seite des Träumenden darstellen.

steckt diese Zärtlichkeit und Leichtigkeit in mir", befand er, „sie ist mir im Traum erschienen, aber ich habe mich selbst darin erst nicht erkannt."

Bei der Geschäftsfrau (TRAUM 16) erwies sich als die ergiebigste Deutung des Traumes weder die Konsequenz, dass sie Aufenthalt und Adresse ihres Traummannes ausfindig machen sollte, noch die, dass sie den nächsten Urlaub vorbereiten sollte. Vielmehr war es der Mann bzw. eine neue männliche Seite in ihr selbst, mit der sie sich verheiraten sollte.

Im Geschäftsleben stand sie „ihren Mann", wie sie es ausdrückte, aber ihre Selbstständigkeit und Gestaltungskraft machten vor ihrem Privatbereich ohne Zweifel zu oft halt. Sich mit dem Urlaubsmann zu verheiraten, hieß für sie, Fantasie, Freiheit und Freizeit in ihren Alltag miteinzubeziehen.

Der Träumer von TRAUM 17 kam „zufällig" auf sein Thema zu sprechen. Geradewegs hätte er es wohl nicht vorgetragen. Er genierte sich zwar nicht für seinen Traum, aber empfand doch den Wechsel im Traum mitten im Orgasmus zu seinem Beruf als befremdlich. Es interessierte und erleichterte ihn zu hören, dass es schon seit einigen hundert Jahren immer wieder zur Praxis der sogenannten Sexualmagie gehörte, sich im Augenblick des sexuellen Höhepunktes auf ein bestimmtes zu erreichendes Ziel zu konzentrieren. Wenn dies absichtlich geschah, stellte dies einen Akt geistiger Willkür, der Willensfixierung und der Selbstentfremdung dar. Sein Traum aber hatte den ähnlichen Vorgang unbewusst und ohne sein willentliches Zutun dargestellt.

Dies konnte entweder als eine Warnung davor verstanden werden, dass er seine besten schöpferischen Kräfte für einseitige Berufs- oder Willensziele missbrauchte, oder als Ermunterung dazu, nicht nur im Bett, sondern in allen Lebenslagen „voll dabeizusein“, alle seine Kräfte einzusetzen und gleichzeitig zu lernen, auch wieder loszulassen, wenn die Situation ihren Höhepunkt erreicht hat.

LABYRINTH UND CHAOS

Zu diesem Motiv zählen einmal fassbare Traumbilder wie: Sich in einer bewegten Menschenmasse zu befinden, Getümmel von Menschen,

Tieren, Sachen, Ereignissen usw., Dschungel, Irrgarten, Gänge oder Wege in unendlicher Abfolge und dergleichen mehr.

Oftmals irren Menschen in ihren Träumen in Labyrinthen umher, aus denen sie scheinbar nicht wieder hinausfinden.

Darüber hinaus sind alle besonders wirren Träume, alle Träume mit besonders gegensätzlichen, rasch wechselnden Bildern diesem Motiv zuzurechnen – und damit die große Gruppe von Träumen, die zwar einen spürbaren Eindruck hinterlassen, aber deren Inhalt sich kaum in

Geschichten oder beschreibenden Worten ausdrücken lässt.

Zeitverschiebungen, Ortsveränderungen, bruchstückhafte Zersplitterung und kolossale Verdichtung sind im Drehbuch unserer Träume üblich und selbstverständlich. Träume können auch Unbelebtes zum Leben animieren: Dinge sprechen oder schweigen beredt. Räume erzeugen Spannungsfiguren usw. Die üblichen Eigenschaftsmerkmale verändern sich. Farben erzeugen dann zum Beispiel Klänge, Worte verströmen Gerüche, Menschen verwandeln sich in Tiere oder Gegenstände in Personen. Das alles und noch viel mehr zeigt der Traum häufig wie in einem Zeitraffer in unglaublicher Geschwindigkeit, dann wieder wie in einer unendlich gedehnten Zeitlupe.

Natürlich können sich aber auch mehrere Ereignisse oder Handlungsstränge im Traum gleichzeitig ereignen, sich mit unterschiedlichem oder gegenläufigem Tempo entwickeln.

TRAUM 18: Eine Sekretärin, mittleren Alters, hatte folgenden Traum: „*Ich renne im Bürohaus durch Etagen und Gänge und finde nicht die richtige Tür.*“

TRAUM 19: Ein Verwaltungsbeamter, 45 Jahre, erzählt: *„Meinen Traum heute Nacht habe ich mir in Stichpunkten notiert: Meine Tochter und ich sind in der Küche. Ich bin in der Tanzschule. Meine Tochter spricht eine unbekannte Sprache. Palmen, ein großer Wald in der Küche. Eine Explosion. Blut. Splitter. Undefinierbare Farben. Unser Postbote kommt. Schnee, kalt, ein Rockkonzert. Ein Mann fragt, ich laufe zum Auto, da sitzt mein Vater drin, meine Tochter erscheint, meine Frau lacht, auf der Autobahn, wieder Wald, aber ein anderer, im Schlafzimmer eine große Torte. Ich gehe über eine Brücke… Mehr fiel mir nicht ein, obwohl ich das Gefühl habe, dass ich höchstens ein Zehntel von dem aufgeschrieben habe, was im Traum vorkam… Ach ja, da war auch ein Klavier, auf dem ich spielte (was ich in Wirklichkeit nicht kann).“*

Die „richtige Tür“ in TRAUM 18 kann den Übergang in eine neue Lebenssituation bedeuten, aber auch den Zutritt zu jemand anderem – genauso wie den Zugang zu sich selbst. Obwohl die Träumerin den Traum mit Angst erlebt und mit Unlust berichtet hatte, war der Traum für sie wertvoll: Sie hatte im Traum gesehen, dass sie

etwas suchte und was das Ziel der Bemühungen war – eben die richtige Tür. Sie konzentrierte in den folgenden Wochen, so oft sie Zeit dafür fand, ihre Fantasie auf die Vorstellung, wie ihre „richtige Tür" wohl aussehen möge und wohin sie führen würde.

Dann hatte sie folgenden Traum: „Als ich mein Büro verlasse, ist mir gegenüber, auf der anderen Seite des Flurs, eine Tür, die ich noch nie gesehen habe. Mit Herzklopfen gehe ich auf sie zu und klopfe an; keiner antwortet. Ich drücke die Klinke, die Tür öffnet sich, das Zimmer ist leer.

Auch das Klavier hat im Traum eine symbolische Bedeutung: die Tasten, die man im Leben gleichzeitig bedienen muss. Die schwarzen Tasten stehen vielleicht für unangenehme Dinge, die weißen für angenehme.

Schreiend werde ich wach. (Vom Schreien weiß ich durch meinen Mann.) Als ich meinem Mann den Traum erzähle, denke ich unvermittelt, dass mein Herzklopfen und das Anklopfen dasselbe waren."

Als sie diesen Traum mitteilte, war wiederum einige Zeit vergangen. „Inzwischen habe ich begonnen, das neue Zimmer einzurichten", erklärte sie mit Stolz. Denn offensichtlich bedeutete das Zimmer in ihrem Traum für sie einen neuen Lebensabschnitt.

In TRAUM 19 lassen sich zwar Deutungszusammenhänge bestimmen. Zum Beispiel: Träumer und Tochter (auch: eine junge oder unerfahrene seelische Seite in ihm selbst) in der Küche, einem Ort des Weiblichen und Mütterlichen. Zum Thema Tanzschule meinte er: „Es ist lange her, dass ich Frauen oder Mädchen als unbekannten Wesen gegenüberstand. Jetzt ist es wieder so weit. Ich verstehe meine Tochter (meine Seele) nicht. Das bringt mich auf die Palme, ich stehe im Wald. Ich explodiere, oder die Küche als solche explodiert - es ist nichts mehr wie es war. Der Postbote bringt Neuigkeiten, Neuland, Schnee, ich muss mich wärmen, usw. usw."

Die Stichpunkte des Traums ließen auch Schlüsse auf andere Zusammenhänge zu. Für den Träumer dieses Traums lag jedoch interessanterweise der wichtigste Aspekt in dem Klavier, das ihm fast nicht mehr eingefallen war: „Es stürzt im Moment im Leben so vieles auf mich ein. Ich muss lernen, viele Tasten gleichzeitig zu bedienen und viele Saiten in mir zum Klingen zu bringen."

HORROR UND ALBTRÄUME

Es gibt Verletzungen der Seele, des Körpers, der Würde usw., die so nachhaltig wirken, dass sie in Horror- und Albträumen (in gleichbleibender oder veränderter Form) immer wiederkehren. Wo solche einschneidenden Verletzungen zu spüren oder zu erkennen sind, sollte eine praktische Therapie (der Seele, des Körpers oder der persönlichen Würde usw.) begonnen werden – in Form von Selbsthilfe und/oder mithilfe von professionellen Helfern bzw. Therapeuten. Die Schreckens- oder Albträume erfüllen dabei den gleichen Zweck wie ein körperlicher Schmerz: Sie machen auf eine eingetretene Verletzung oder Beschädigung aufmerksam und drängen auf

Klärung und Heilung und schützen den Betreffenden vor einer Chronifizierung und Verschlimmerung der Schmerzen.

Horror- und Albträume führen of dazu, dass man schreiend erwacht. Gut, wenn man sich dann Jemandem anvertrauen kann.

Nicht selten sind Horrorträume selber bereits Teil eines Genesungsprozesses, und zwar immer dann, wenn im Traum reale Ängste und Gefahren verarbeitet werden (siehe im Folgenden etwa TRAUM 21 und 22).

TRAUM 20: Ein Zahnarzt, ca. Ende 40, über seinen Traum: „*Ein furchtbar entstellter Mann mit blutunterlaufenen Augen kommt auf mich zu. Ich liege im Bett und bin wie gelähmt. In Panik wache ich auf.*"

TRAUM 21: Ein Großhandelskaufmann, Ende 30, erzählt: „*Meinen größten Horrortraum hatte ich, als ich meine Stelle in N. antrat. In dieser Zeit träumte ich immer wieder von meiner Diplomprüfung und wachte jedes Mal schweißgebadet auf.*"

TRAUM 22: Ein Handelsvertreter, ebenfalls Ende 30, träumte: „*Als Junge hatte ich irgendwo Berichte von Folterungen in Lateinamerika gelesen. Diese Szenen (die hier nicht im Einzelnen wiedergegeben werden sollen) verfolgten mich jahrelang in meinen Jugendträumen und kehren auch heute noch manchmal wieder.*"

TRAUM 23: Eine Arzthelferin, 34 Jahre, zu ihrem Traum: „*Als der Golfkrieg war, wiederholten sich Träume, in denen Bomben auf unsere Stadt fielen. Die Traumszenen glichen den Bildern von den Bombenteppichen im Zweiten Weltkrieg. Ich sah Bomben in den Hinterhof unseres Häuserblocks fallen und rannte maßlos entsetzt in Richtung Keller, um mich dort zu verstecken.“*

TRAUM 24: Eine Hausfrau, 41 Jahre, berichtet: *„Mein schlimmster Albtraum ist ein Chaos mit großer Hektik. Ich bin ständig unterwegs, fahre durch die Stadt hin und her, mit den unterschiedlichsten Gründen und Zielen, sehe den grauen Himmel und die Abgase in der Luft. Du bist eingekesselt, sagt eine Stimme. Ich wache auf, nicht abrupt, sondern allmählich, und fühle mich wie gerädert.“*

Das Material der Träume stammt in diesen Fallbeispielen einmal aus objektiven Ereignissen (Prüfung, Folter, Krieg, TRAUM 21, 22, 23, evtl. auch die Umweltverschmutzung in TRAUM 24), zum anderen aus sonstigen Quellen (TRAUM 20 und 24). Für das persönliche Traumerleben macht es freilich keinen Unterschied, ob der Schrecken auf objektiven Tatsachen beruht oder nicht. Denn jeder Traum, und so auch der Horrortraum, stellt in irgendeiner Weise eine Realität dar – eine seelische Wirklichkeit. Für die Traumdeutung ist es jedoch von großer Wichtigkeit, zu unterscheiden, ob der Traum einen Spiegel objektiver, äußerer Gefahren oder subjektiver, innerer Gefährdungen darstellt. Wenn zum Beispiel jemand in einem Wohngebiet mit tatsächlich stark verschmutzter Luft lebt und davon träumt, dann muss er oder sie andere praktische Schritte unternehmen, als jemand, der oder die von einer vergifteten Erde träumt als Symbol dafür, dass ein bestimmtes Lebensumfeld oder -gebiet im übertragenen Sinne „Gift“ für ihn oder sie ist.

Dabei nimmt der Traum nicht selten Verschiebungen vor. Objektive Gefahren oder Katastrophen treten im Traum als Kulisse oder Szenario ganz subjektiver Ängste auf, und umgekehrt: hinter scheinbar subjektiven Albträumen verbergen sich objektive Probleme und Nöte der eigenen Person und/oder anderer Menschen.

DEUTUNG VON HORROR- UND ALBTRÄUMEN

Für jeden Horror- und Albtraum kommen recht unterschiedliche Deutungsebenen in Betracht.

Zunächst einmal sind Horror- und Albträume als notwendige Verarbeitung realer Erfahrungen zu verstehen. Es gibt Menschenrechtsverletzungen und Fälle von Menschenverachtung, die unsere

Abscheu und unseren Widerstand unbedingt notwendig machen. Daneben gibt es höchst unangenehme Erfahrungen, wo wir „Blut, Schweiß und Tränen" vergießen, die bei allem Leid oder allem Stress, welchen sie verursachen, dennoch unter den gegebenen Umständen notwendig oder unvermeidlich sind.

Horror- und Albträume sind wichtig zur Verarbeitung realer Erfahrungen. Oft sind sie Teil eines inneren „Genesungsprozesses".

Notwendige sowie unnötige Fälle von einschneidenden Verletzungen greifen die Träume auf und zeigen sie womöglich, wie es immer die Art der Träume sein kann, in einer Art Lupeneffekt, das heißt vergrößert und besonders deutlich. Auf dieser Deutungsebene kommt es einmal auf die persönliche Bearbeitung der real bestehenden Schrecken an. Es müssen praktische Konsequenzen gezogen und Maßnahmen festgelegt werden, was wir gegen Menschenrechtsverletzungen und für mehr Menschlichkeit im Alltag tun können, einschließlich der Erleichterung der persönlichen Arbeits- und Lebensbedingungen. („Gelebte Träume sind die besten Träume" – diese Leitlinie bedeutet hier, die Albträume weder in den Tag hinein zu verlängern, noch am Tage zu verdrängen, sondern vielmehr durch praktische Taten aufzuheben.)

Die Schreckensträume können sodann von (eigenen) seelischen Wunden handeln, die uns aus dem Gleichgewicht bringen und von einer wirksamen Entfaltung unserer Bedürfnisse abhalten. Solche seelischen Wunden spielen bei den TRÄUMEN 20 und 21 eine entscheidende Rolle. Positiv und heilsam ist an diesen Träumen, dass bestehende Verletzungen und Ängste nicht in namenlosem Entsetzen untergegangen sind, sondern in konkreten Träumen Gestalt angenommen haben. Angstträume verursachen keine Ängste, sondern sie reagieren auf vorher bestehende Ängste und versuchen sich an deren Bearbeitung.

Schon Sigmund Freud hat für die Prüfungsträume (vgl. TRAUM 21) herausgefunden, dass darin zumeist Szenen aus solchen Prüfungs- und Examenssituationen wiederkehren, die tatsächlich bereits mit Erfolg bestanden wurden. Der Traum verarbeitet entweder die Ängste, die in der Prüfungssituation selbst unterdrückt worden sind, oder - so Freud - die Träume greifen Szenen aus tatsächlich erfolgreich bestandenen Prüfungen auf, um damit zu verdeutlichen: „Du brauchst keine Angst zu haben, es wird auch diesmal gut gehen."

Horror- und Albträume können außerdem (verdeckte) Aggressionen zum Ausdruck bringen. Dabei gibt es Fälle von „positiven Aggressionen“, die davon handeln, dass wir zu notwendigen, einschneidenden Maßnahmen bereit und fähig sind. Daneben tauchen aber auch Fälle von zerstörerischen Aggressionen auf, die immer auch eine Tendenz zur Selbstzerstörung beinhalten. Oft ist die Traumhandlung nach dem Muster aufgebaut: „Was ich mich (aus moralischen Gründen usw.) nicht traue, anderen zuzufügen, das wird mir zugefügt.“

So stellte sich bei der Deutung der Kriegsszenen aus TRAUM 23 interessanterweise heraus, dass sich hier zwei verschiedene Tendenzen in einem Traum mischten. Auf der einen Seite hatte der Golfkrieg aus dem Jahre 1991 bei der Träumerin Kindheitsängste aktualisiert, die seinerzeit durch Erfahrungsberichte von Eltern und Verwandten aus dem Zweiten Weltkrieg hervorgerufen worden waren. Auf der anderen Seite kannte die Träumende Schübe von maßloser Wut, die sich in groß angelegten Zerstörungsfantasien und -wünschen äußerten, die ebenfalls ihre Quelle in der Kindheit hatten. Für sie kam es darauf an zu lernen, sich selbst zu behaupten und in sinnvoller Weise ihre aggressiven Impulse auszuleben. Diese werden nämlich immer erst dann gefährlich, wenn wir sie ganz zu leugnen versuchen. Wir müssen in diesen Fällen lernen, unsere Kraft und Gewalt nicht gegen andere, sondern für uns einzusetzen, damit wir selbst einen Platz finden, wo für uns die Sonne scheint.

Neben allen Schrecken und mehr oder weniger fassbaren Aggressionen handeln die Horror- und Albträume möglicherweise auch von einer bestimmten Angst- und Schmerzlust. So können sich im Traum sadistische und/oder masochistische Tendenzen zeigen. Schmerz, Verletzung und Entsetzen werden dann nicht nur als furchtbar erlebt, sondern von ihnen geht gleichzeitig eine erhebliche Anziehungskraft aus. Diese vermischt sich in vielen Fällen mit dem Wunsch nach einem starken Partner oder einer starken Partnerin, von dem/der man sich geführt und beherrscht sehen möchte, oder mit dem Wunsch, so stark zu sein, dass man andere beherrschen und sich selbst von störenden

Einflüssen befreien und fernhalten kann. Auf dieser Ebene der Deutung kommt es vor allem darauf an, diffuse Ängste in eine fassbarere Form zu bringen. Welche Botschaft übermitteln sie? Ängste wollen weder verharmlost noch verherrlicht werden. Es geht darum, die eigene Stärke und die eigene Freiheit in Besitz zu nehmen, nicht die eines oder einer anderen. Es geht auch nicht um Selbstaufgabe oder Aufopferung, sondern um die Hingabe an sich selbst!

Schließlich können Horror- und Schreckensträume uns nicht nur aus dem nächtlichen Schlaf aufwecken. Sondern ihre Funktion kann auch darin liegen, uns in unserem Tagesbewusstsein zu erwecken und wach zu machen. Indem sie uns haarsträubende Szenen vor Augen führen, fordern sie uns auf, Extreme des menschlichen Daseins zu erfassen und ins Bewusstsein zu integrieren - ein Fassungsvermögen auch für solche Phänomene und Ereignisse zu entwickeln, die unsere Vorstellungskraft bei weitem übersteigen. Wenn wir uns mit dem Unfassbaren nicht auseinandersetzen, ereilt es uns als überwältigendes Glück - oder aber als gewaltsamer Schock.

In diesem Jahrhundert haben wir Schocks erlebt und fabriziert – wie die Massenvernichtung während der Weltkriege und den Holocaust, aber auch wie die Existenzbedrohung durch Reaktorkatastrophen und die Vergiftung der Flüsse und Meere. Sie alle zwingen dazu, Unvorstellbares zu bedenken und zu begreifen, wenn man ein klares und waches Verhältnis zu sich selbst und zu den eigenen Existenzbedingungen behalten will.

Auf der ganz anderen Seite sind heute Lebensglück und Wunscherfüllung keine bloße „Glückssache" mehr. Die realen Glücksmöglichkeiten in unserem Leben machen es wünschenswert, das Unfassbare zu denken.

MORD UND TOTSCHLAG

In aller Regel müssen Mord und Totschlag im Traumgeschehen in ihrer symbolischen Bedeutung verstanden werden. Sie dürfen weder als Bagatellen noch als Prophezeiungen tatsächlicher Handlungen verstanden werden. Viel eher zeigen sie bestimmte Gefahren oder Chancen der seelischen und persönlichen Entwicklung an.

Beim Motiv „Mord und Totschlag“ steht die Traumdeutung vor derselben Situation wie die Analyse der allgemeinen Begeisterung für Krimis: Hier wie da ergibt sich die Faszination von Verbrechen und Gewalttaten in letzter Konsequenz nicht daraus, dass wir alle heimliche Mörder oder Opfer wären. Sondern es sind drastische Lebenserfahrungen, die wir entweder hinter uns oder vor uns haben, die uns mit einem Krimi identifizieren, obwohl die vordergründige Handlung im Allgemeinen keine direkte Parallele zu unserem Alltagsleben besitzt, und die auch dazu führen, dass uns im Traum Mord, Totschlag und Ähnliches begegnen.

Zunächst drücken Mord und Totschlag im Krimi wie im Traum jedes Mal eine Warnung aus, dass ein wichtiger Gefühlsinhalt abgetrennt wird; eine bestimmte Seite der eigenen Persönlichkeit erfährt ihr Ende, und das ist eine Warnung, wenn damit ungenutzte Fähigkeiten und Talente verloren gehen, besonders die Beziehungen zu anderen Menschen und die Liebesfähigkeit überhaupt.

Auf der anderen Seite zeigen jedoch Mord und Totschlag im Traum auch die positive Seite der

Aggression an. So kann es überaus heilsam sein, dass man im Traum etwas umbringt und somit radikal beendet. Jedes Mal stellt sich so auch die Möglichkeit der Befreiung und der Erlösung dar, dass angestaute seelische Energien sich lösen und wieder fließen können.

Wie dabei ein Mord verübt wird, besitzt jedes Mal eine interessante symbolische Bedeutung. Handelt es sich um ein Vergiften, so ist dies in der Traumdeutung ein Zeichen für verdrängte Bosheiten und Aggressionen. Oft werden damit buchstäblich vergiftende Gedanken und Gefühle gezeigt. Der Traum warnt entweder vor einer schleichenden Vergiftung der eigenen Seele, oder er wählt umgekehrt das Motiv des Vergiftens, um darzustellen, dass es um die Befreiung von vergiftenden Einstellungen, Gedanken und Gefühlen geht.

Handelt es sich um ein Erschießen, so betrifft die Symbolik das schnelle, gewaltsame oder aber befreiende Durchdringen des Äußersten mit dem Innersten.

Ein Ertrinken oder Ertränken bringt dem gegenüber insbesondere die Welt der Seele, der Psyche

und der Gefühle ins Spiel. Denn Wasser bedeutet in der Traumdeutung und in anderen Symbolsprachen stets ein Symbol des Seelenlebens. Luft dagegen stellt in der Symbolik nicht nur den Atem, sondern auch ein Symbol des Geistes dar. Ein Erwürgen, Ersticken oder Ähnliches im Traum bedeutet deshalb jedes Mal den Hinweis, darauf zu achten, dass uns die Kraft, zu sprechen und uns geistig eigenständig auszudrücken, nicht entzogen wird und/oder dass wir einen langen Atem und all unsere geistigen Kräfte benötigen, um eine bestimmte Angelegenheit zu erledigen. Darüber hinaus stehen Mord und Totschlag selbstverständlich in Verbindung mit dem Motiv von Tod und Geburt (Wiedergeburt).

Wasser ist das Traumsymbol der Seele. Wer darin zu ertrinken droht, hat vielleicht mit einem großen seelischen Problem zu kämpfen.

TOD UND (WIEDER-)GEBURT

Tod und Wiedergeburt vollziehen sich praktisch in jedem Augenblick innerhalb eines Lebens. Bei Licht betrachtet, führt es zu einer gesteigerten oder tieferen Lebendigkeit, wenn man sich der Endlichkeit seines Lebens bewusst wird. Nun liegt es aber in der Natur der Sache, dass Altern, Sterben und Tod die persönlichen Lebenskräfte mindern und aufzehren, sodass der Gedanke an den Tod oft – und nicht zu Unrecht – weniger als eine Steigerung der Lebendigkeit empfunden wird als als eine Einschränkung und Lähmung derselben.

An dieser Stelle macht die Traumdeutung jedoch einen bewussten Unterschied: Trauer über Tod und Verlust ist unvermeidlich. Aber die grausamen Ängste eines verdrängten Todes sind unnötig und unwürdig.

Felsige Landschaften, kahle Bäume weisen im Traum oft auf Sterbesituationen und Tod hin. Damit können neben dem Sterben auch unerledigte Dinge des Träumenden gemeint sein.

Der Tod besitzt in Traumdeutung und heutiger Symbolkunde stets einen Hinweis auf die Frage: Was wollen wir ernten in unserem Leben? Wie an anderer Stelle schon erwähnt, ist aus dem Mythos und dem Volksbrauch die Figur des „Sensenmann“ bekannt. Der Sensenmann oder Schnitter will nicht nur zerstören, abhacken oder „kaputtmachen“. Der Schnitter will auch ernten, Früchte nach Hause tragen! Damit bedeutet die Konfrontation mit dem Thema Tod oder Sterben, die für den Traum durchaus typisch ist, im Wesentlichen weder eine Bedrohung noch eine verkehrte Faszination durch den Tod. Vielmehr stellt sich darin immer wieder neu die Frage: Wenn ein Leben Früchte tragen soll, muss regelmäßig das Nötige für die gewünschte Ernte

getan werden. Bis hin zur ständigen und zur letzten großen Aufgabe, Ergebnisse eines Lebens für die Zukunft verwertbar zu machen. Was will und muss ich also loslassen, um zu ernten? Was ist überholt, inzwischen unecht, nebensächlich oder unfruchtbar und soll aufgegeben oder erledigt werden, um das Fruchtbare wachsen zu lassen?

Tod- und Sterbesituationen im Traum verweisen auf konkrete Erledigungen, Abschiede und Beendigungen und auch auf das große Thema des Sterbens. Der betreffende Traum stellt damit immer die doppelte Frage, was wir wohl oder übel beenden, loslassen und einfach akzeptieren müssen, und was wir andererseits im Bewusstsein der gegebenen Möglichkeiten „begehren" und ernten wollen.

Die Seele, unsere innere Einstellung, braucht für mehr oder weniger einschneidende Veränderungen (z. B. Berufswechsel, Geburt des ersten Kindes, Auszug des letzten Kindes, Umstellung alter Lebensgewohnheiten) eine gewisse Verarbeitungszeit, wobei die Dauer von der Qualität und der Intensität bestimmt wird. In den

Vor- und Nachbereitungsphasen solcher Lebensumstellungen besitzen Tod- und Sterbesequenzen im Traum eine sehr heilsame Funktion. Sie machen die betreffende Änderung in ihrer seelischen Tragweite deutlich und fordern dazu auf, sich dieser seelischen Dimension zu stellen. Wenn man dazu bereit ist, sind solche Träume eine wesentliche Hilfe auf dem Weg, die betreffende Verwandlung der Lebensverhältnisse wirklich zu erreichen und zu akzeptieren.

Viele Projekte scheitern, nicht weil es an Lust auf Neues, sondern weil der Mut zum Abschied vom Alten fehlt. Wenn wichtige Veränderungen im Alltag anstehen und im Traum- oder Seelenleben der Tod gar keine Rolle spielt, sollte man sich fragen, ob man für jene Umgestaltungen wirklich offen ist.

Nicht selten zeigt die Psyche ihre Bereitschaft zur Bereinigung gewisser Lebensumstände bereits im Traum an, bevor wir sie bewusst begriffen haben. Hier ist also die Traumbegegnung mit dem Tod ein Symbol, das in seiner praktischen Beziehung erst noch zu deuten ist.

Wie und in welcher Gestalt tritt der Tod im Traum auf? Diese Frage kann man kaum mit einer Aufzählung beantworten. Wie Geburt, Liebe und Glück individuell dargestellt werden, so zeigt sich auch der Tod im Traum so, wie er für den Träumenden verständlich wird. Außerdem muss erwähnt werden, dass es in Träumen offensichtliche Todesszenen gibt, die an bekannte Bilder - etwa aus Krankenhäusern oder Kriminalgeschichten - angelehnt oder aber ganz eigene Bildschöpfungen sein können. Daneben treten aber auch versteckte Todesbilder im Traum auf.

Im Traum und in der Symbolik tritt der Tod in versteckter Form zum Beispiel in Bildern des Ertrinkens, des Untertauchens, der Flucht in eine Höhle, des Lebens in einer Flüssigkeit oder eines „ewigen" Schlafzustandes auf. Das Unbewusste findet in diesen Fällen keinen begrifflichen Ausdruck für den Tod. In Bildern, die dem pränatalen (vorgeburtlichen) Erfahrungsbereich entlehnt sind, bringt es die (Bereitschaft zur) Preisgabe des erreichten Zustandes zum Ausdruck. Solche Traumbilder (und auch „ewige" Müdigkeit und Schlafbedürftigkeit im wirklichen Leben) sollten sehr genau betrachtet werden. Auf einer sehr tiefen Ebene bringen sie Wünsche nach Beendigung und Loslösung zur Geltung. Wegen ihrer Unbestimmtheit erfordern diese Träume und Symbole viel Aufmerksamkeit und Fingerspitzengefühl. Wer alleine nicht weiterkommt, sollte auf jeden Fall die Hilfe von Freunden und/oder von professionellen Therapeuten hinzuziehen.

Die große Chance solcher Traumerfahrungen, die bis in den unbestimmten, vorgeburtlichen und „chaotischen" Bereich zurückführen, liegt in einer Neubestimmung des persönlichen Lebensweges, weshalb Freud diese Träume schlicht als Geburtsträume deutete: „Träume dieser Art sind Geburtsträume; zu ihrer Deutung gelangt man, wenn man die im manifesten ‚offensichtlichen' Traum mitgeteilten Tatsachen umkehrt, also statt: sich ins Wasser stürzen - aus dem Wasser herauskommen, d. h. geboren werden."

In nicht wenigen Träumen tritt der Tod in personifizierter Form auf, zum Beispiel als Schnitter, als Skelett, als Spielmann, als Klageweib, als „Django" u. a. Der besondere Vorteil dieser (Traum-) Erfahrungen liegt darin, dass man sich mit diesen handelnden Gestalten auseinandersetzen kann, was imstande ist, die seelische Bewältigung von Tod und Sterben des Einzelnen zu erleichtern.

Natürlich geht es bei der Traumbegegnung mit dem Tod nicht nur um gegenwärtige und zukünftige Ereignisse. Vielmehr tauchen im Traumgeschehen auch vergangene Erlebnisse wieder auf, in denen – zu Recht oder zu Unrecht – ein Teil der eigenen Person aufgrund von tiefen Verletzungen o. Ä. „gestorben" ist. Hier kommt es darauf an, den Teil der Auseinandersetzung, der noch aussteht, nachzuholen, sich von bestimmten Geschehnissen endgültig und auch seelisch zu lösen, gegebenenfalls einen verschollenen Teil der eigenen Persönlichkeit wiederzuentdecken und ins aktuelle Leben einzugliedern.

Damit gelangen wir an einen kniffligen Punkt. Während es im Allgemeinen richtig und notwendig ist, den Tod als Teil des Lebens zu akzeptieren und sich darauf einzustellen, so wäre eine solche Haltung doch dort grundverkehrt, wo ein Teil der eigenen Person noch darauf wartet, aus dem Dunkel befreit und ans Tageslicht geholt zu werden! Dort und solange nämlich, wie wir uns auf der Suche nach einem wesentlichen Teil des eigenen Selbst befinden, welcher irgendwann verschollen oder untergegangen ist. Eine persönliche Wandlung wird in diesen Fällen erst möglich, wenn jener verlorene Teil der Person aufgespürt ist. Der Widerstand dagegen, diesen Wesensanteil einfach zu vergessen und sterben zu lassen, erweist sich als eine machtvolle Triebkraft jeder Wiedergeburt!

Anzeichen des Bedürfnisses nach Wiedergeburt können deshalb in solchen Traum-, aber auch Alltagshandlungen erkennbar sein, in denen man etwas sucht oder um gewisse Rechte kämpft und sich zugleich gegen eine gefährliche Gegenmacht oder eine tödliche Bedrohung zur Wehr setzen muss.

Ein Kran, der etwas emporhebt, ist ein Traumsymbol, das auf Wiedergeburt hindeutet.

Wiedergeburt im Traum beginnt also nicht unbedingt mit Frieden, Freude und Erleuchtung, sondern u.a. und bei vielen auch mit Kampf und Widerstand.

Eine Wiedergeburt kann sich im Traum in ebenso unzähligen Formen äußern wie der Tod. Da wird eine Mauer übersprungen, ein Fluss durchschwommen, ein Widerstand bezwungen, ein wildes Tier gezähmt, ein Haus neu gebaut, eine Tür geöffnet oder ein Chaos in Ordnung gebracht. Etwas taucht aus dem Wasser oder einer Versenkung empor. Licht am Ende eines Tunnels. Eine Blume blüht auf. Ein Kran hebt etwas empor. Oder etwas Neues und völlig Ungewohntes findet sich in einer alt vertrauten Umgebung. In einer Wüste entsteht neues Leben. Etwas Tiefgefrorenes taut auf. Ein toter Baum erblüht neu. Man ist einem Abgrund entkommen …

All dies und anderes mehr kann im Zusammenhang mit Wiedergeburtserfahrungen in Träumen auftauchen. Vielleicht am meisten erzählen Liebesträume von einer erlebten oder einer erwünschten Wiedergeburt: Sexuelle Liebesträume, keusche und unverschämte Liebesszenen, Glücksträume mit einer tief greifenden Gewissheit, zu lieben und geliebt zu werden, Träume der Entlastung und der Befriedigung, die im Traum und/oder noch im Wachwerden ein Gefühl großer Erleichterung mit sich bringen.

Auch eine aufblühende Blume steht in der Traumsymbolik in Zusammenhang mit Wiedergeburt.

TRAUMSYMBOLE UND IHRE BEDEUTUNG

MENSCHEN IM TRAUM

Alles ist wichtig in der Traumdeutung. Achten Sie auf jedes Detail, jeden Zusammenhang. Personen und Ereignisse im Traum können grundsätzlich auf zwei Ebenen gedeutet werden: Sie stehen entweder für die Menschen, als die sie sich im Traum auch ausgeben. Oder sie sind ein Spiegel für Anteile der eigenen Person des Träumers oder der Träumerin! Der Schweizer Psychologe Carl Gustav Jung nannte diese beiden Ebenen die Objektstufe und die Subjektstufe eines Traumsymbols.

Auf der „Objektstufe" betrachtet, stehen die Figuren und Szenen im Traum für andere Personen und äußere Ereignisse. Auf der „Subjektstufe" betrachtet, sind dieselben Figuren und Szenen nun Spiegelbilder, Facetten der eigenen Person und innerer Ereignisse (siehe auch Seite 158).

Ein Streit oder eine Auseinandersetzung im Traum kann der Verarbeitung – oder auch der

Vorbereitung – eines tatsächlichen Streits mit konkreten anderen Personen dienen. Der gleiche Traum kann jedoch auch eine eigene, innere Auseinandersetzung anzeigen.

Ob nun die Subjektstufe oder die Objektstufe mehr im Vordergrund steht, ist von Mal zu Mal unterschiedlich. Im Zweifelsfalle muss man eben beide Möglichkeiten bedenken.

Unbekannte Personen oder gesichtslose Personen charakterisieren normalerweise

Fremde im Traum stellen meist Eigenschaften dar, die der Betreffende von sich verdrängt hat.

Eigenschaften in Ihnen, die Ihnen nicht sehr nahe stehen. Hier ist der Bereich der unpersönlichen Beziehungen angesprochen. Häufig träumen Menschen, die Probleme haben, sich emotional und sexuell einzulassen, von gesichtslosen Sexualpartnern.

Grundsätzlich kann man sagen, dass je näher uns die Personen stehen, desto näher stehen uns auch die von ihnen symbolisierten Eigenschaften.

Fremde im Traum zeigen Eigenschaften von Ihnen, die Ihnen selbst fremd sind und denen Sie sich zuwenden sollten. Freunde im Traum drücken Eigenschaften aus, die Ihnen helfen und gut tun. Wenn Sie sich überlegen, wie Sie diese Freunde charakterisieren würden, dann finden Sie sicher schnell heraus, welche Ihrer Eigenschaften hier konkret gemeint sind.

Verwandte und Nachbarn im Traum symbolisieren entweder Ihnen vertraute Merkmale und Eigenschaften der eigenen Person oder/und Ihre reale Beziehung zu diesen nahe stehenden Menschen.

Kollegen und Geschwister im Traum spiegeln oft Kindheitserfahrungen und persönliche

Wünsche und Ängste wider. Autoritätspersonen drücken oftmals verinnerlichte Ansprüche, Erwartungen und Normen der Eltern aus. Auf der Objektebene ist Ihre Beziehung zu Vorgesetzten und Untergebenen angesprochen. Wie verhalten Sie sich im Traum den Autoritätspersonen gegenüber? Wie verhalten Sie sich Untergebenen gegenüber?

STRASSEN UND FAHRZEUGE IM TRAUM

STRASSEN UND WEGE

Erstaunlich viele Träume handeln davon, unterwegs zu sein. Straßen und Wege spielen daher eine große Rolle in Träumen. Sie verweisen dabei auf den Lebensweg des Träumers. Beachten Sie bei diesen Traumsymbolen, wo der Weg oder die Straße herkommt und wo sie hinführt. Wie ist der Zustand des Weges und wie sehr ist die Straße befahren?

Schwierige und gewundene Wege geben auch eine schwierige Lebenssituation wieder, die meist durch mehr Klarheit vereinfacht werden kann.

Sind wir mit uns im Unklaren, dann sind auch unsere Traumstraßen und -wege schwierig,

Straßen und Wege symbolisieren den Lebensweg des Träumers/der Träumerin.

unübersichtlich und gewunden. Sie weisen Schlaglöcher und schwierige unübersichtliche Kurven auf. Leben wir jedoch klar und in Harmonie, zeigt sich die Straße gerade, einfach und übersichtlich.

Beim Traumsymbol Straße sollten Sie ferner darauf achten, ob die Straße bergauf oder bergab führt oder ob sie auf dem gleichen Niveau bleibt. Bergauf verweist auf eine Entwicklung zum Geistigen hin, bergab auf eine Entwicklung zum ungehemmteren Ausdruck von Gefühlen und Trieben.

Bleibt die Straße auf dem gleichen Niveau, kommt es auf die Umgebung an. Diese Straße mag einen langweiligen Lebensweg beschreiben oder auch ein Bild dafür sein, dass man sein Leben glücklicherweise vereinfacht hat.

Straßen in einer Stadt können sehr belebt oder auch menschenleer sein. Meist arbeitet der Traum mit einem dieser beiden Extreme, um Ihnen seine Aussage zu verdeutlichen. Häufig träumen wir von sehr belebten Straßen voller Fußgänger, wenn wir uns entweder mehr persönliche Kontakte wünschen oder uns lieber für eine Zeit aus dem Getriebe der Welt zurückziehen sollten. Fühlen wir uns gut mit all den Menschen um uns herum, sollten wir in der Tagtraumtechnik versuchen, einige dieser Menschen anzusprechen und unsere Schüchternheit überwinden, Kontakte zu knüpfen.

Die Tagtraumtechnik ist ein wirkungsvolles Mittel der aktiven Traumdeutung. Sie funktioniert so: In Gedanken versetzen wir uns – in einer ruhigen Minute im Laufe des Tages – wieder in die Situation hinein, von der wir geträumt haben. Wir gehen also in die Traumszene zurück, und dann verändern wir sie in unserer Fantasie.

Oder wir schauen diese Szene nun genauer an. Zum Beispiel wirken menschenleere Straßen häufig beängstigend. Eine solche Traumszene deutet oft daraufhin, dass man sich einsam und/oder verlassen fühlt. Mit der Tagtraumtechnik können diese Straßen zum Beispiel mit Menschen belebt werden. Bei jeder Straße und bei jedem Weg können Sie sich auch fragen, an welchen Ort Sie diese Straße erinnert. Wie haben Sie sich an diesem Ort und zu dieser Zeit gefühlt? Wie stehen Sie heute zu diesen Gefühlen?

BRÜCKEN UND KURVEN

Eine Brücke verbindet zwei getrennte Bereiche, so auch im Traum: Welche beiden Bereiche des Selbst sind es?

Brücken sind ein weit verbreitetes Symbol, das auf die Verbindung zweier getrennter Bereiche verweist. Betrachten Sie, was die eine und was die andere Seite der Brücke für Sie symbolisiert, und finden Sie heraus, wie Sie diese beiden Bereiche in Ihrem Leben verbinden können.

Eine Kurve im Traum verweist auf eine Änderung in Ihrem Lebensweg. Entweder ist diese Änderung notwendig oder sie wurde gerade vollzogen. Es ist für den Träumer wichtig, auf die Details und die Richtung zu achten.

AUTO

Das Auto verbildlicht im Traum, wie wir unseren individuellen Lebensweg gehen. Achten Sie darauf, ob Sie schnell oder langsam fahren, ob Sie allein oder zu mehreren im Auto sitzen und um welches Fabrikat es sich handelt.

Das Auto ist immer zugleich Sexual- und Prestigeobjekt. Auf der Autobahn kommt man schnell und problemlos voran, es sei denn, dort gibt es einen Stau, der auf abgeblockte Lebensenergie verweist. Gleichzeit ist die Autobahn der kollektive breite Weg, der schnell und problemlos zum Ziel führt, ohne jedoch besonders individuell zu sein.

ZUG, BUS UND BAHN

Der Zug oder die Bahn sind dagegen kollektive Fortbewegungsmittel. Wichtig beim Zug wie auch beim Autobus und der Straßenbahn ist der festgelegte Weg, von dem es keine individuellen Abweichungen gibt.

Damit besitzen alle öffentlichen Verkehrsmittel einen Hinweis auf eine kollektive Bewegungsrichtung.

FAHRRAD

Beim Fahrrad bewegen wir uns aus eigener Kraft und auf eigenen Wegen fort. Oft sind Gefühle der Unabhängigkeit, des Gleitens oder des Fliegen damit verbunden. Möglicherweise wird mit diesem Traumsymbol die Anstrengung des Fahrradfahrens angesprochen. Es gibt aber auch den spöttischen Begriff des „Fahrradfahrers" („nach oben buckeln und nach unten treten"), der im Traum anklingen kann.

SCHIFF UND BOOT

Die Fortbewegung auf dem Wasser deutet immer auf unsere Beziehung zu unseren Gefühlen hin. Wenn wir schwimmen, dann sind wir im direkten Kontakt mit dem Gefühl, das durch das Wasser symbolisiert wird. Fahren wir in einem Boot, ist unser Kontakt zu unserem Gefühl distanzierter. Dabei ist zu beachten, ob das Boot ein Segelboot oder Motorboot ist, das wir selbst steuern oder ob es sich um eine Fähre oder ein Linienschiff handelt, das eine festgelegte Route fährt. Steuern wir das Boot selbst, gehen wir nach eigenem Willen und mit eigenen Vorstellungen mit unseren Gefühlen um. Beim Segelschiff spielt der

Wind eine treibende Rolle. Er steht für die Kraft des Geistes (Luftelement) oder für die Macht des Schicksals.

Der Hafen ist das Ziel der Reise über das Wasser. Da das Wasser unser Gefühl verdeutlicht, kann man den Hafen als Ziel unserer Sehnsucht ansehen, als das er oft besungen wird.

Wer sich in einem Boot auf dem Wasser fortbewegt, steht in Einklang mit seinen Gefühlen.

FLUGOBJEKTE

Wer sich in die Luft und in die Höhe begibt, der bekommt einen guten Überblick. Auf der anderen Seite deutet das Fliegen auch stets auf das Abheben hin, das heißt, wir sollten uns mehr um unsere Erdung, also um unser Alltagsleben kümmern.

Fliegen kann im Traum auf verschiedene Weise gestaltet werden: Wir können im Traum selbst fliegen, indem wir uns einfach in die Luft erheben. Wir können aber auch im Flugzeug, einem Helikopter oder an einem Fallschirm fliegen.

Das Reich der Luft ist nach alter Auffassung die Heimat des Geistes. In religiöser Hinsicht steht der Himmel für das Reich Gottes. Schließlich geht es aber auch um den Willen, getreu dem Sprichwort „Des Menschen Wille ist sein Himmelreich".

DER WALD IM TRAUM

Viele Traumbilder speisen sich aus Zeiten, die vielleicht Jahrzehnte und Jahrhunderte zurückliegen, die unserem Unbewussten jedoch sehr gut vertraut sind. Ein solch eindrückliches Bild ist der Wald. Er tritt bis heute – trotz Waldsterben und

Stadtkultur – in den Träumen sehr vieler Menschen auf.

Man muss sich die Bedeutung der großen Wälder noch für unsere Vorfahren vorstellen: Orte der Wildnis, des Abenteuers, der Gefahr, aber auch des Verstecks oder der Unkontrolliertheit; Orte der Nahrungssuche, der wilden Tiere, der Jagd, der Beeren und Früchte, des Brennholzes und des „Holzweges" (der bis zum Holzschlag führte, aber nicht weiter durch den Wald) und vor allem Orte der Orientierungssuche, Labyrinthe, Plätze der Dunkelheit und der Undurchdringlichkeit.

Im Englischen nennt man die unberührte Natur „wilderness", das ist die Wildheit, die es in unserem kalkulierten Alltagsleben nicht mehr gibt. Umso wichtiger ist es, diese Wildheit in unserem Inneren zu bewahren und zu erleben. Der Wald ist voller Geheimnisse, da man nie weiß, was man hinter dem nächsten Baum treffen mag. Er ist auch das Dunkle und letztlich Unergründliche – also ein ideales Bild für unser Unbewusstes.

Der einzelne Baum symbolisiert die Verbindung von Himmel und Erde. Seine Wurzeln verankern ihn tief in der Erde, und der Mythologie zufolge bergen sie einen großen versteckten Schatz: die Fruchtbarkeit und den Reichtum der Erde.

Wir kennen zum Beispiel die heiligen Bäumen der Germanen, zu denen besonders die mächtige Eiche, die harte Esche und die Eibe gezählt werden. Das sind Symbole der Urkräfte des Lebens. Alle diese Bäume gehen vermutlich auf die germanische Weltenesche Yggdrasil zurück. Dieser immergrüne Baum breitet schützend seine Zweige über Himmel und Erde aus, und auf seiner Spitze sitzt der Adler, der die Welt

Wald im Traum hat viele Bedeutungen: von der unberührten Natur bis zum Ort der Nahrungssuche.

beobachtet, und ein Habicht, der das Wetter macht. Die drei Nornen, die Schicksalsgöttinnen, leben an seinem Stamm, und bei Unwettern suchen hier auch die wilden Tiere Schutz.

DER GARTEN IM TRAUM

Der Garten symbolisiert im Traum etwas Ähnliches wie der Wald, nur ist er lieblicher und eben nicht mehr Ausdruck der Wildheit, sondern der Kultur, quasi der kultivierte Wald. Wer heute von einem Garten träumt, bei dem schwingt auch die Sehnsucht nach Liebesgenuss, Verführung und Abenteuer mit. In den traumhaften Geschichten von Tausendundeiner Nacht findet die Begegnung der Liebenden und ihre sexuelle Vereinigung stets im Garten statt.

Außerdem ist der Garten ein Abbild des Paradieses. Er ist ein Ort der Ruhe und der Erholung, aber auch der Weltferne, manchmal auch der Rückzugspunkt vor einer als bedrohlich empfundenen Welt.

In der modernen Traumsymbolik gilt der Garten als Ort des Wachstums und der Entwicklung. Die Tiefenpsychologie und besonders C. G. Jung sehen im relativ häufig auftretenden

Traumsymbol des Gartens ein Symbol der Individuation (Selbstwerdung).

Die höchste Blüte erlebte die Gartenkunst in China und Japan, wo Natur künstlich derart perfekt inszeniert wurde und wird, dass die Kunst die Natur noch übertrifft. In diesem Fall symbolisiert der Garten die Ganzheit der Welt und des Kosmos, verkörpert das Prinzip des Yin und Yang. In moderner Sicht hat der Garten, insbesondere der Schrebergarten, aber auch einen negativen Aspekt, in dem Spießigkeit, Engstirnigkeit und kleingeistige, falsche Idylle anklingen.

BLUMEN IM TRAUM

Erscheinen Ihnen Blumen im Traum, werden damit meist Gefühle ausgedrückt: Dankbarkeit, Freude, Trost, Beileid. Ein Blumenstrauß steht für die beiden scheinbaren Gegensätze Hoffnung und Abschied. So schnell Blumen auch vergehen, so sicher wachsen sie nach und erblühen wieder neu. Blumen sind ein Symbol für Gefühle, für Schönheit und Vergänglichkeit, für die Ewigkeit des Augenblicks. Der Blumenstrauß, die Verbindung vieler, oft verschiedener Blumen, gilt als Symbol der Einheit in der Vielheit. Die einzelne

Blume darin symbolisiert die Entfaltung der eigenen Natur.

Auch Blumen drücken Gefühle aus, wenn sie im Traum erscheinen.

Im Biedermeier, der Zeit zwischen 1815 und 1848, entstand eine besonders ausgeklügelte Blumensprache. Mit Hilfe eines entsprechend zusammengestellten Blumenstraußes konnten so komplexe Botschaften durch die Blume übermittelt werden. Leider hat sich die Bedeutung dieser schönen, alten Gewohnheit zu einem großen Teil gewandelt: „Etwas durch die Blume sagen“ hat heute aber mitunter einen negativen Beigeschmack von Feigheit, die Wahrheit nicht direkt sagen zu wollen. Jedoch kommt ein Strauß roter Rosen immer noch einer Liebeserklärung gleich.

ROSE

Die Sprache der Blumen versteht jeder, ob im Traum oder auch in der Realität.

Die Rose wird nicht nur die Königin der Blumen genannt, sie tritt auch am häufigsten von allen Blumen im Traum auf. Wegen ihrer Schönheit und ihres betörenden Duftes wird sie zum Symbol der Liebe, wobei ihre Dornen nicht zu übersehen sind. Für die Traumsymbolik sind besonders die Aspekte der Schönheit der Rose und auf der anderen Seite ihre Dornen und ihre Kurzlebigkeit wichtig. Die Rose ist so nicht nur einseitig ein Symbol der Liebe, sondern auch des Leidens, ein Aspekt, den die arabische und persische Literatur des ausgehenden Mittelalters sehr betont.

SEEROSE

Die Seerose gehört zu den beliebtesten Symbolen des fernen Ostens. So wird der Sitz eines Erleuchteten wie etwa des Buddhas als Seerose dargestellt. Die Symbolik der Seerose ist besonders von ihrer Eigenschaft geprägt, am Abend nicht nur wie viele Blumen ihre Blüten zu schließen, sondern sie auch unter die Wasseroberfläche zurückzuziehen. Mit dem ersten Licht tauchen sie am Morgen wieder auf und richten ihren Kelch gen Osten. Immer wieder wird es beschrieben, dass der wunderschöne Lotos seine Wurzeln tief in dem hässlichen Schlamm des Sees verankert. Im Traum verweist die Seerose auf Ruhe, innere Schönheit und oftmals zeigt sie eine positive Persönlichkeitsentwicklung der Träumerin oder des Träumers an.

VEILCHEN

Wegen seiner blauen Farbe wird das Veilchen als Seelenblume angesehen. Es gilt auch als der Bote des Frühlings. Im Traum symbolisiert diese kleine Blume die Sehnsucht. Sie tritt bei Träumern auf, die sich mehr ihren Gefühlen zuwenden sollten oder mehr auf ihr Gefühl vertrauen sollten.

SCHNEEGLÖCKCHEN

Das Schneeglöckchen besticht durch seine weiße Farbe, die Unschuld und Reinheit symbolisiert. Im Traum verweist das Schneeglöckchen oft darauf, dass man sich trotz schwieriger Situationen entfalten kann, so wie das Schneeglöckchen in einer blumenfeindlichen Zeit unverhofft aufblüht.

Die weiße Farbe der Schneeglöckchen spiegelt Unschuld und Reinheit wider.

KROKUS

Auch beim Krokus als Traumsymbol schwingt mit, dass er zu den ersten Blumen des Jahres gehört. Er zeigt an, dass die kalte Zeit des Winters - oder sinnbildlich eine persönliche „Eiszeit" - vorbei ist.

TULPE

Bei der Tulpe im Traum kommt es darauf an, welche Farbe diese Blume aufweist. Bei ihr ist die Bedeutung völlig von der gezeigten Farbe abhängig (zur Symbolik der Farben siehe Seite 151).

LILIE

Die Lilie mit ihren weißen Blütenkelchen symbolisiert die Reinheit. Von Persien ausgehend breitete sich das Symbol der Lilie als Symbol der Lichtgeburt in ganz Europa aus und wurde zu einem beliebten heraldischen Zeichen. Man spricht auch von der „königlichen Lilie". Als Traumsymbol tritt sie meist dann auf, wenn der Träumer sich reinigen möchte. Sie kommt auch als Symbol der Jungfräulichkeit vor.

TIERE IM TRAUM

Tiere stellen Energiefelder aus den Tiefen der Seele dar und repräsentieren unsere Triebe und Instinkte. Es ist das Tierische in uns, das sich im Tiersymbol im Traum zeigt. Da wir in einer Gesellschaft leben, in der das Wilde mehr und mehr unterdrückt und ausgerottet wird, ist es sehr wichtig, dass es zumindest noch in unseren Innenwelten überlebt. Jeder hat sicherlich schon von einem wilden Tier geträumt und dabei auch seine eigene Wildheit gespürt. Träume von wilden Tieren sind sehr positiv zu sehen, da sich in ihnen unsere Lebensenergie äußert. Träumen wir dagegen von domestizierten Tieren, sollten diese mit der Tagtraumtechnik in wilde Tiere verwandelt werden (siehe auch Seite 113). Domestizierte Tiere verweisen darauf, dass das Wilde verharmlost wird.

Tiere im Traum symbolisieren auch unser Gefühlspotential, das sich im alltäglichen Leben fast nur in Krisensituationen äußert, um uns neue Möglichkeiten zu zeigen. Wenn wir in Krisensituationen Wut, Hass, Eifersucht und Gier empfinden, dann tauchen in unseren Träumen wilde Tiere auf, die uns verschlingen wollen. Das sind diejenigen Seiten in uns, die wir als Kinder weder zeigen noch ausleben durften. Typisch ist der Traum eines Mannes, der gerade von seiner Frau verlassen wurde. Unter dem Schock der Situation träumte er von einem wilden Tiger, der ihn fressen wollte. Als er einen Stein aufhob, um den Tiger zu erschlagen, wachte er auf.

Der Tiger stellt eigene Anteile dar, die vielleicht für lange Zeit unterdrückt werden mussten wie etwa Wildheit und Aggressionen.

Der wilde Tiger symbolisiert hier sowohl seine Wildheit als auch seine Aggressivität, die er im Elternhaus nie zeigen durfte, ohne die Missachtung durch seine Mutter zu riskieren. Seine eigene vitale Männlichkeit blieb an die Mutter gebunden.

Bei Frauen tritt eine vergleichbare Situation ein, wenn bei Krisen ihre Anteile freigesetzt werden, die sie im Elternhaus nicht zeigen durften. Diese Anteile zeigen sich auch bei Frauen oft in wilden Tieren, die sie fressen oder zerreißen wollen. Um nun diese Anteile zurückzubekommen, ist es nicht notwendig, sie zu töten, sondern sie sich genau anzuschauen. Das bedeutet, dass wir im Traum solche uns bedrohenden Tiere nicht töten, sondern sie leben lassen sollten.

VÖGEL

Der Vogel symbolisiert häufig rein geistige Eigenschaften, die sich die menschliche Psyche seit ewigen Zeiten als leichtbeschwingte Vögel vorstellte. Da sich der Vogel sowohl auf der Erde bewegen als auch in den Himmel auffliegen kann, galt er als Bote der Götter. Bei den Ägyptern wie auch bei den alten Griechen wird die menschliche Seele als Vogel angesehen. Auch heute noch symbolisiert der Vogel im Traum Leichtigkeit, eine Verbindung zum Höheren und Göttlichen, durchaus den Engeln vergleichbar.

Der Adler ist im Traum ein Symbol der Macht und Stärke und zugleich des sich hoch in den Himmel aufschwingenden Geistes.

Ein Hahn als Traumsymbol wird in der heutigen Zeit fast ausnahmslos mit männlicher Sexualität verbunden. Dazu gehört nicht nur sein „gockelhaftes“ Auftreten, sondern auch seine Aggressivität. Auf den Hahn im Hühnerhof wird die männliche Sehnsucht nach vielen Sexualpartnern projiziert.

Die Henne kann als ein Bild für weibliches Rollenverhalten angesehen werden. Meistens sind ihre Flügel gestutzt und sie kann nicht richtig fliegen.

Der Rabe war trotz seiner schwarzen Farbe in der Antike den Lichtgöttern geweiht. Der Rabe gilt als Götterbote. In vielen Überlieferungen, die sich in unseren Träumen widerspiegeln können, erscheint er jedoch als „Unglücksrabe“, auf den die Angst vor der Dunkelheit übertragen wird!

Schwalben sind Frühlingsboten, die mit Leichtigkeit und Beschwingtheit zusammenhängen. Im Traum ist die Schwalbe das Symbol der Freude und Leichtigkeit .

Der Spatz oder Sperling gilt wohl unter anderem wegen seiner Größe als der Geringste unter den Vögeln. So benutzte die Bibel den Spatz häufig als Bild des Wertlosen. In dieser Bedeutung kommt der Spatz heute seltener im Traum vor. Wir sehen heute eher, dass Spatzen sehr gesellige und laute Vögel sind, die die Städte dem Land vorziehen. Im heutigen Traum symbolisiert der Spatz unsere klugen und zugleich frechen Anteile.

In der Antike galt der Storch als Sinnbild der Liebe zwischen den Eltern und ihren Kindern. Daraus wurde dann später die Vorstellung vom Kinder bringenden Storch, die auch die heutige Traumsymbolik prägt.

Die Taube ist wohl eines der in der heutigen Zeit meistbenutzten Vogelsymbole. Ich erinnere nur an die Friedenstaube. Außer den Frieden symbolisiert die Taube weiterhin die weibliche Weisheit (Sophia) und die Zärtlichkeit (Turteltaube).

Die Taube ist das Friedenssymbol – im Traum kann man sie mit der Eigenschaft der Friedfertikeit gleichsetzen.

INSEKTEN

Eine Biene verkörpert die sprichwörtliche Emsigkeit. Sie ist ein soziales Wesen, das mit Arbeit und Nahrungsbeschaffung verbunden wird.

Der Schmetterling tritt im Traum als Wesen der Wandlung auf. Aus der hässlichen Raupe entsteht der schöne Schmetterling. Schmetterlingsträume treten häufig dann auf, wenn die Situation des Träumers sich zum Positiven hin wandelt.

AFFE

Der Affe symbolisiert sowohl unsere spielerische Seite als auch das Lustige und Ungehemmte im Traum. Bei den alten Ägyptern wurde der Affe als Sinnbild für Gott Thoth verehrt. In Indien ist der Affe bis heute ein heiliges Tier. Sprichwörtlich ist die Liebe der Affenmutter zu ihren Kindern (Affenliebe).

AMEISE

Die Ameise gilt als fleißiges und hochgradig sozial organisiertes Tier, das das erdgebundene Gegenstück zur Biene darstellt. Ferner gilt die Ameise als klug.

In der klassischen Traumdeutung ging man davon aus, dass Ameisenträume aufgrund von nervösen Störungen entstehen.

BÄR

Der Bär wird meist als gutmütiges Tier betrachtet, das nur dann gefährlich wird, wenn man ihn angreift oder er vom Hunger getrieben ist. Es kommt darauf an, ob man im Traum eine erschreckende Begegnung mit einem Bären hat, oder den Bär als gutmütig und lustig erlebt.

EIDECHSE

Eidechsen gelten als magische Tiere, weil der Mensch mit ihnen fast keine Kommunikation aufbauen kann. Die Eidechse wurde in der Antike wegen ihrer Liebe zur Sonne als Sonnensymbol angesehen. Allerdings stand dem die Sicht der Eidechse als Schädling gegenüber.

In der heutigen Traumdeutung symbolisiert die Eidechse das Geheimnisvolle und Unergründliche unserer Triebseele.

Eidechsen symbolisieren die unergründlichen Teile der menschlichen Seele.

ELEFANT

Der Elefant wird auch als Dickhäuter bezeichnet und damit ist nicht nur gemeint, dass er physiologisch gesehen eine dicke Haut hat, sondern auch, dass er ein gutmütiges Tier ist, dass man nicht so leicht aus der Ruhe bringen kann. Ferner symbolisiert der Elefant Langlebigkeit. In der Antike galt er als ein Symbol für die Ewigkeit. Oftmals symbolisiert der Elefant in der heutigen Traumdeutung die Erdung.

ESEL

Esel, so sagt der Volksglaube, seien störrisch und dumm. Im Traum kann der Esel sicherlich auf die dumme Seite in uns hindeuten. Auf der anderen Seite ist der Esel aber auch ein nützliches Arbeits- und Reittier, das in der Lage ist, schwere Lasten zu tragen. In dieser Symbolik tritt er allerdings seltener im Traum auf.

FROSCH

Der Frosch ist ein Tier, das das Land und das Wasser miteinander verbindet. Es gilt manchen als Delikatesse und anderen als der berühmte verwunschene Prinz. Seltener symbolisiert der

Frosch die Feigheit, eine Charakteristik des Frosches, die in Sprüchen wie „Sei kein Frosch" anklingt.

FUCHS UND WOLF

Der Fuchs gilt als listiges Tier und insbesondere als Symbol für die Klugheit unserer Instinkte.

Der Wolf ist ein gefährlicher Einzelgänger, der allerdings auch im Rudel leben kann. Mit diesem Traumsymbol wird unsere männlich aggressive Seite angedeutet. Andererseits ist die Wölfin, die „Wolfsfrau", ein Inbegriff weiblicher Stärke und Urkraft.

HASE

Was fast jedem Träumer zum Symbol des Hasen einfällt, ist dessen sprichwörtliche Feigheit. Daneben verweist er aber auf große Fruchtbarkeit und jahreszeitlich gesehen auf den Herbst.

HUND

Der Hund ist ein gezähmtes Tier, das das sogenannte hündische, unterwürfige Verhalten zeigt. Die ursprüngliche Wildheit ist dem Hund abhanden gekommen, und er ist zum Nutztier

Ein Hund ist ein treuer Begleiter des Menschen. Mit seinem Spürsinn wittert er Dinge, lange bevor sie uns bewusst werden.

geworden, dessen Aufgabe es ist, Haus und Hof zu bewachen. Damit wird er zum treuen Begleiter des Menschen. Außerdem symbolisiert der Hund einen ausgeprägten Spürsinn. Er deckt Geheimnisse auf.

KATZE

Die Katze ist wie der Hund ein domestiziertes Tier, das jedoch keineswegs derart abhängig vom Menschen ist wie der Hund. Katzen sind immer noch zugleich Haustiere und wilde Tiere. Katzen weisen im Traum häufig auf ungehemmte weibliche Sexualität hin.

LÖWE UND TIGER

Der Löwe gilt als hochherrschaftliches, edles Tier. Wie den Löwen, der durchs Feuer springt, versteht man ihn oft als Sonnensymbol und als Symbol männlicher Potenz.

Der Tiger gilt als äußerst wildes Tier und wird oft im Traum mit der Frau in Verbindung gebracht. Noch mehr als beim Traumsymbol Katze zeigen sich hier die männlichen Ängste vor einer starken Frau. Wenn Frauen von einem Tiger träumen, ist das oft ein positives Zeichen dafür, dass sie zu ihrer eigenen Identität finden und zu ihrer Kraft stehen.

PFERD

Pferde gelten als besonders edle Tiere, wobei immer die Farbe zu beachten ist. Im Traum sehen wir sehr häufig rein schwarze oder weiße Pferde, wobei die schwarzen Pferde den wilden, kraftvollen Aspekt betonen, weiße Pferde den geistigen Aspekt. Das Pferd deutet immer auf die Lebens- und Triebkraft des Träumers hin.

REH UND HIRSCH

Der Hirsch ist wohl zusammen mit dem Hahn als das tierische Symbol der Männlichkeit anzusehen. Andererseits gilt er seit alten Zeiten auch als Symbol weiblicher Gottheiten und der Mutter Natur. Das Reh ist scheu und zart, das Rehkitz oder Bambi ist ein Kind- und Baby-Symbol.

RIND

Beim Rind müssen wir unbedingt zwischen dem Stier, dem Ochsen und der Kuh unterscheiden. Träumt man vom Stier, wird darin fast immer auf die sexuelle Potenz und Kraft des Träumers verwiesen. Die Kuh galt schon vor der Antike als Fruchtbarkeits- und Mondsymbol.

SCHAF

Das Schaf gilt landläufig als dumm und zugleich überaus gutmütig. Es ist ein Herdentier, das schon früh als Haustier gehalten wurde.

Wer von einem Schaf träumt, sollte sich fragen, ob er nicht (aus Bequemlichkeit) zu sanftmütig auftritt.

SCHWEIN

Schweine waren früher ein hoch geachtetes Symbol germanisch-keltischer Gottheiten. Bis heute ist es auch ein Glückssymbol („Schwein gehabt!"). Das Schwein kann in unseren Träumen als Symbol ungehemmter und befreiter Sexualität erscheinen. Häufig verweist das Schwein auch auf das kreative Potenzial des Träumers. In seiner negativen Bedeutung wird die Eigenschaft des Schweins angesprochen, im Schmutz zu wühlen.

SCHLANGE

Die Schlange gehört zu einem der komplexesten Tiersymbole. Die Schlange ist gefährlich und giftig auf der einen Seite, heilend auf der anderen Seite. Sie verführt den Menschen, sie hilft ihm und dennoch haftet immer etwas Dämonisches an ihr, da sie nur schwierig zu durchschauen ist. Interessanterweise gehört die Schlange zu einem der wenigen Symbole, die sowohl männlich als auch weiblich sind. Die weibliche Verführung genauso wie der Phallus werden beide in der Schlange gesehen.

Wichtig sind auch die sprichwörtliche List sowie die Weisheit der Schlange. Durch ihre Fähigkeit zur Häutung wird die Schlange zum Symbol für die Wiedergeburt.

SPINNE

Spinnen spielen als Traumsymbole fast nur bei Frauen ein Rolle. Dabei ist eine Angst vor Spinnen nicht selten. Diese Angst zeigt sich häufig auch im Wachleben. Ist es die Angst der Frauen, im unsichtbaren Netz gefangen und dann ausgesaugt zu werden? Aber warum tritt diese Angst seltener bei Männern auf, die sich auch nicht selten von dem Weiblichen gefangen und ausgesaugt fühlen?

Neben dieser negativen Bedeutung des Traumsymbols Spinne tritt dieses Symbol aber auch in positiver Bedeutung von Fleiß, großem Geschick und handwerklichem Können auf. Ja, die Spinnenfrau ist in alten Überlieferungen der Indianer sogar die Schöpferin der Welten. Auf diesen Mythos und diese Überlegenheit der Spinne wurde in den modernen Hollywood-Mythen von Spiderman und Spiderwoman, Spinnenmann und Spinnenfrau, Bezug genommen.

WASSERTIERE

Die Tiere des Wassers sind den Gefühlen verbunden, in denen sie sich frei bewegen. Der Fisch ist ein altes Fruchtbarkeitssymbol, das auf Lebensfülle und Lebensfreude verweist. Im Traum symbolisiert der Fisch ein sich völliges Einlassen auf sein Gefühl und eine damit zusammenhängende Leichtigkeit der Bewegung.

Der Delfin gilt als kluges Tier, das eine hohe soziale Intelligenz besitzt. Es scheint auch so, dass der Mensch mit Delfinen kommunizieren kann beziehungsweise dass Delfine die menschliche Körpersprache deuten können. Der Delfin tritt zunehmend häufiger in den Träumen moderner Menschen auf. Er verweist auf eine Sehnsucht nach einer engen Kommunikation mit der

Natur und einer höheren sozialeren Intelligenz als diejenige, die wir zur Zeit als Menschen zeigen. Außerdem symbolisiert der Delfin auch unsere spielerische und lustvolle Seite, die wir oft nicht genügend ausleben können.

Der Hai gilt durchweg als männlich aggressives Symbol. Träumt man von einem Hai, sollte entweder diese männlich aggressive Seite in einem gestärkt werden oder man lebt diese Seite zu sehr aus. Was hier zutrifft, ist dem Träumer immer spontan klar.

Delfine stellen die Sehnsucht der Menschen nach einer engen Verbindung mit der Natur dar.

DIE VIER ELEMENTE IM TRAUM

Schon seit der Antike kennen wir die vier Grundelemente Feuer, Wasser, Luft und Erde. Sie bestimmen auch heute noch viele unserer Traumbilder.

WASSER

Das Wasser wird als die Mutter der Schöpfung angesehen, da aus dem Meer das erste Leben hervorging, und es ist deswegen weiblich besetzt. Es symbolisiert den Gefühlsbereich. Wichtig ist, im Traum darauf zu achten, in welcher Beziehung man zu dem Wasser steht: Schwimmt man in ihm, befindet man sich unter Wasser, fährt man im Boot auf ihm, strandet man oder sieht es nur vom Strand oder einer Brücke aus. Auch sollte man auf die Qualität des Wassers achten: ist es klar oder trübe.

Grundsätzlich kann man sagen, je indirekter wir mit dem Wasser in Kontakt sind, desto ferner stehen uns auch unsere Gefühle. Der Schwimmer kann sich also im Bereich seiner Gefühle bestens bewegen (wenn er nicht gerade untergeht), der Kapitän auf seinem Schiff macht dagegen viel indirekteren Kontakt mit dem Wasser, und wer nur vom Land aus das Wasser sieht, steht seinem Gefühl noch distanzierter gegenüber.

Vom Wasser wird man in Angstträumen oft in Form von Wildwasser oder einem Strudel mitgerissen, oder große Wellen wollen einen verschlingen. Hier drückt sich wie im Symbol der wilden Tiere wieder die furchtbare Frau oder Mutter aus. Außerdem bedeutet das wilde Wasser die Angst vor dem überwältigenden Gefühl.

Der Bach symbolisiert das romantische Gefühl. Dieses Traumbild ist meistens Ausdruck einer Sehnsucht nach Idylle und heiler Welt. Der Träumer möchte seine Ruhe haben und nur positive Gefühle empfinden. Der Fluss ist eine Wasserstraße, auf der unterschiedlich starker Verkehr herrschen kann. Stark befahrene Flüsse nach dem Vorbild des Rheins verweisen auf eine emotionale Kommunikation. Wenig befahrene Flüsse, oder wenn man sich auf dem Fluss allein befindet, mögen Einsamkeit ausdrücken.

Bei einem Fluss müssen in der Traumsymbolik auch seine Strömung und das Ufer betrachtet werden. Hat das Ufer eher etwas Abweisendes oder Einladendes? Ist es bewohnt? Zeigt der Fluss eine starke Strömung oder fließt er

Ein Fluss im Traum kann auf viele Aspekte der Seele hindeuten. Wichtig sind die Betrachtung der Umgebung, des Ufers und der Strömung.

gemächlich dahin? Solche und ähnliche Fragen sollte man sich beim Traumbild Fluss stellen.

Das Meer fasziniert durch seine Weite und Tiefe, damit ist es ein Symbol unserer Seele oder unserer Gefühlswelt. Das Meer erhält seinen

Rhythmus durch die Gezeiten und seinen Zustand durch Wind und Wellen. Es kann wild und aufbrausend sein oder einladend und ruhig. Alles Leben stammt aus dem Meer. Damit symbolisiert das Meer die Urmutter und die mit ihr verbundenen Gefühle und damit auch unsere Gefühle in frühester Kindheit.

Der See ist das ruhigste aller Gewässer und an ihn knüpfen sich idyllische und mythische Vorstellungen. Achten Sie bei Ihrem Traumsee besonders darauf, in welcher Landschaft er liegt. Ist er tief oder flach, groß oder klein? Brauchen Sie zur Zeit eher die großen oder kleinen, die tiefen oder oberflächlichen Gefühle?

Wasser, das von oben kommt, wird als Regen bezeichnet. Regen bedeutet Fruchtbarkeit, auch wenn er manchmal eher eine verdrießliche und depressive Stimmung auslöst. Beim Symbol Regen im Traum kommt es sehr darauf an, in welcher Situation es regnet und welche Gefühle das auslöst.

ERDE

Die Erde als eines der vier Grundelemente symbolisiert unseren Wirklichkeitsbezug. Menschen, die mehr Erdung brauchen, träumen von der Erde. Erde hängt mit Arbeit und Sicherheit zusammen. Erde ist in allen Kulturen ein weibliches Element, was mit ihrer Fruchtbarkeit zusammenhängt. In der Erde sind auch die Schätze verborgen, die unsere Stärken und Fähigkeiten symbolisieren.

Der Acker mit seinen Furchen ist nach Freud ein Symbol für die Frau. Auf jeden Fall weisen sowohl der gepflügte Acker als auch das Ährenfeld auf Fruchtbarkeit hin. Ferner wird mit dem Acker auch das einfache Leben verbunden, das dann im Traum zum Thema wird, wenn man zu entfremdet lebt. Ein Feld, das brach daliegt, weist stets auf ungenutzte Möglichkeiten hin.

Der Berg stellt die Herausforderung dar, man bewährt sich, wenn man ihn besteigt. Von unten gesehen wirkt er oft übermächtig und wirft einen großen Schatten, was häufig letztlich ein Bild der Beziehung zu den Eltern oder einem Elternteil darstellt.

Bei der Deutung ist die Position, in der man sich am Berg befindet, sehr wichtig, wobei die Spitze oft Klarheit und Überblick, Leistungsfähigkeit und Ausdauer bedeutet. Am Fuß des Berges hat man im übertragenen Sinn etwas Mächtiges vor sich. Geht man den Berg hinauf, sind hier die Mühen des Erfolgs angesprochen, geht man ihn hinunter, begibt man sich oft symbolisch in seine Gefühlswelt. Verschneite oder vereiste Berge, ein kalter Wind am Gipfel weisen auf Gefühlskälte hin.

Ein Berg stellt oft die Beziehung zu den Eltern dar. Seine Besteigung erfordert Mut, Ausdauer und Einsatz aller Kräfte.

Wie im Märchen sind der Sumpf und das Moor Bilder für die dunklen und gefährlichen Orte unseres Unbewussten. Hier wirkt der weibliche Archetyp, der einen verschlingen will. Beide weiblichen Elemente, die Erde und das Wasser, mischen sich und so kommt es, dass diese Orte vom Geist der furchtbaren Mutter geprägt sind, die einen versinken lässt.

Der Sand bietet keine gute Grundlage, um auf ihn etwas zu bauen. Wüste und Sand symbolisieren das Unfruchtbare und Karge. Gleichzeitig kann jedoch ein Sandstrand an Urlaub und Entspannung erinnern.

FEUER

Das Feuer ist eine Urkraft. Es birgt und versorgt Dinge mit Energie, sodass Licht, Wärme, Hitze und Bewegung entstehen, oder es verbrennt sie zu Asche - aus der allmählich wieder Neues wächst. Aus diesem Grund symbolisiert das Feuer die Verwandlung, die Leidenschaft und die Liebe.

Das Feuer wärmt, verwandelt das Rohe in das Gekochte, spendet Licht und hilft so mit,

Erkenntnis zu schaffen. Das kontrollierte Feuer ist dagegen kulturschaffend und wurde seit Menschengedenken als Herdfeuer verehrt.

Wie der Herd ist auch das Lagerfeuer ein kontrolliertes Feuer. An ihm kommt man zusammen, um zu feiern und auszuruhen. Letztendlich ist das Lagerfeuer die etwas wildere und romantischere Variante des Herdfeuers.

Das unkontrollierte Feuer symbolisiert destruktive Aggressionen, Zerstörung und Hass. Oft träumt man von einem solchen Feuer, wenn man von seinen Leidenschaften überwältigt wird. Ein Klient erkannte seine zerstörerische (zwanghafte) Sinnlichkeit nach einem Traum von einem Steppenbrand.

Ein Brand gehört zum unkontrollierten Feuer. Es ist wichtig, bei der Traumdeutung darauf zu achten, was brennt und ob Versuche unternommen werden, zu löschen.

LUFT

Das Grundelement der Luft symbolisiert die geistigen Aktivitäten. Sie ist auch der Lebenshauch (Atem) und das Medium, das alles in der Welt verbindet.

Bei einem Gewitter ist die Luft – das Traumsymbol der geistigen Aktivitäten – elektrisch aufgeladen.

Alle Bilder des Fliegens und der Freiheit gehören in dieses Symbolfeld.

Die laue Frühlingsluft hängt mit Sehnsüchten nach Harmonie und Liebe zusammen. In seltenen Fällen, in denen dieses Symbol vom Träumer negativ erfahren wird, kann es auch auf fehlendes Bemühen und oberflächliches Denken verweisen.

Der Wind bewegt etwas. Das ist der Gedanke, der Dinge bewirkt. Der Wind schafft Klarheit; wird er als unangenehm empfunden, kann er ein Symbol der Verwirrung sein.

Seinen männlichsten Ausdruck findet das Element Luft im Sturm. Der Sturm symbolisiert die gefährlichen und zerstörerischen Gedanken und die aggressive Form des Denkens.

Dort, wo sich Wasser und Luft mischen, entstehen Wolken. Die Wolken zeichnen sich durch Leichtigkeit aus. Allerdings gibt es auch Gewitterwolken oder eine tiefliegende, in sich geschlossene Wolkendecke. Diese Art der Wolken verweisen auf eine beängstigende oder bedrückte Stimmung. Aus den Gewitterwolken kann allerdings der Blitz der Erleuchtung kommen.

FARBEN IM TRAUM

Einen Großteil unserer Erfahrung der Realität machen Farben aus. Ein Farbfilm wirkt „realer" als ein Schwarz-Weiß-Film. Ein blaues Auto löst in der Alltagswelt in uns ein anderes Gefühl aus als ein rotes – in unserer Traumwelt ist das nicht viel anders.

Dabei ist jedoch zu bedenken, dass die allgemeine Farbsymbolik noch durch die persönlichen Vorlieben und Abneigungen von Farben überlagert wird.

- Weiß - Schnee, Anfangszustand (wie ein unbeschriebenes Blatt) oder Vollendung und Heilung, Blendung, Leere oder geistiges Neuland.
- Grau - Unbewusster Zustand („Schatten“ im psychologischen Sinn) oder bewusste Gleichgültigkeit, d. h. Gleichwertigkeit oder Vorurteilslosigkeit.
- Schwarz - Das Unbekannte, das Innere der Erde oder eines Sachverhaltes, „black box“, sichtbarer Schatten, Seelenfinsternis oder seelisches Neuland.
- Rot - Herz, Gemüt, Wille, Liebe, Zorn, Blut.
- Gelb - Bewusstheit, Lebensfreude, Neid, geistige Dissonanz („Schrillheit“).
- Gold - Sonne, Bewusstsein, Ewigkeit, Neid, Gier, Verblendung, Prunk.
- Orange - Lebenskraft, Wärme, Mischung von Rot und Gelb, Willkür.
- Blau - Kühle, Coolness, Sehnsucht, Blues, Sentimentalität, Rausch.
- Hellblau - Luft, (offener) Himmel, (klares) Wasser, Spiritualität, auch „blauäugig“, „anhimmeln“.
- Grün - frisch, jung, verheißungsvoll, unerfahren, unreif.

- Dunkelgrün - naturverbunden, vegetativ, langwierig, nachhaltig.
- Beige - menschlicher Körper, Körperlichkeit.
- Braun - erdverbunden, bodenständig, geerdet, kreatürlich.
- Violett - Grenzerfahrung, Mischung von Blau und Rot, Unentschiedenheit.

Diese kurz gefassten Beschreibungen geben wesentliche Standardbedeutungen der Farben im westlichen Kulturraum wieder. Damit kann man zuverlässig Träume und Alltagssymbole deuten!

Die Bedeutungen von Farben sind so unterschiedlich wie die Farben selbst.

Farben im Traum sind eng mit unseren Gefühlen verbunden. Weil die Farben in unendlich vielen Nuancen, Helligkeits- und Sättigungsstufen auftreten können, sind sie das ideale Medium, Gefühle des Träumers auszudrücken. Bei einem farbig geträumten Symbol wird die Gefühlsstimmung gegenüber diesem Thema durch die Farbe ausgedrückt. Ob Sie von Ihrer Freundin im roten, im weißen oder im schwarzen Kleid träumen, macht einen großen Unterschied in der Traumdeutung aus.

ZAHLEN IM TRAUM

Mit Zahlen kann man spielen und mit Zahlen kann man rechnen. Eine allgemein verbindliche symbolische Bedeutung besitzen Zahlen nicht. Mit Seriosität und Anspruch auf Gültigkeit kann man nicht sagen: „5 ist Krise“ oder „6 ist Harmonie“. Natürlich können Zahlen eine symbolische Bedeutung haben. Zum Beispiel verbinden sich die Zahlen „4711“ oder „1968“ oder „9/11“ mit bestimmten Geschichten.

Und: Eine 1 kann für Einmaligkeit stehen, aber auch für Einheit, Einfalt, Einsamkeit und alle anderen Begriffe, in den das Wort „Eins“ steckt.

Eine 2 findet sich in Begriffen wie „Zweifel“ oder „Ent-zweiung“ wieder; doch dann darf man passende Sprüche auch nicht vergessen, die in der Zwei eine Ergänzung und Verstärkung ausdrücken: „doppelt gemoppelt hält besser“, „gleich und gleich gesellt sich gern“, „auf zwei Beinen lässt sich's laufen“ usw.

Manche Zahlen lassen Wortspiele zu, z. B. die Zahl 7 und das Wort sieben (mit dem Sieb sieben) oder 8 und Achtung, Achtsamkeit!

Dennoch besitzen Zahlen keine allgemeingültigen, festgelegten Inhalte. In der Traumdeutung kann man aber darauf achten, ob sich mit den Zahlen, die in einem Traum vorkommen, persönliche Erinnerungen und Assoziationen, zum Beispiel an Daten oder Termine, verbinden lassen.

SELBSTERFAHRUNG IM TRAUM

Viele der Symbole, die sich in unseren Träumen zeigen, sind Bilder, die aus dem kollektiven Unbewussten stammen. Die Essenz dieser Bilder nannte der Schweizer Tiefenpsychologe Carl Gustav Jung einen Archetypus. Wie kommt es, dass alle Menschen ähnliche archetypische Bilder erleben?

Es gibt nur eine Menschheit und letztendlich sind wir alle Geschwister. Wir teilen alle die gleichen existentiellen Erfahrungen: Wir müssen uns um unsere Nahrung kümmern, wir brauchen Schutz vor der Witterung, wir sind von verschiedenen existenziellen Bedürfnissen bestimmt, und wir erleben Freude und Leiden. Es sind Bilder dieser menschlichen Grunderfahrungen, die die archetypischen Symbole hervorbringen. Ohne diese gemeinsame Grundlage wäre auch keine zwischenmenschliche Kommunikation möglich.

SCHATTEN, ANIMUS UND ANIMA

Nach C. G. Jung gibt es im engeren Sinn nur drei wichtige Archetypen: den Schatten, eine dunkle, animalische Seelenseite *(Anima)* und eine helle, animistische Seelenseite *(Animus)*.

Viele Traumsymbole stammen aus dem sogenannten kollektiven Unbewussten, wie es C. G. Jung formulierte.

Der Schatten lässt uns all die Eigenschaften sehen, die wir an uns überhaupt nicht leiden können. Da diese Eigenschaften so stark von unserem Selbstbild abweichen, sehen wir sie in andere Menschen hinein. Wenn wir beispielsweise von uns das Bild eines gelassenen, sanftmütigen Menschen haben und wir werden aggressiv, dann stellt es sich uns dar, als ob unsere Kontrahenten und nicht wir selbst aggressiv seien. Der Schatten lässt uns im anderen unser wahres Wesen erkennen. Da wir den Schatten nicht an uns bemerken – psychologisch ausgedrückt wird er projiziert –, tritt er im Traum in Aktion, da unser Bewusstsein dort keine große Kontrolle ausübt. Er generiert Bilder, die von unserer abgelehnten Seite gespeist werden.

Alle Wesen im Traum, vor denen wir Angst haben, stellen Aspekte unseres Schattens dar. Die dunkle Figur, die unmoralische Person, der Verfolger und Bedroher, das Ungeheuer und Monster, Räuber, wilde Tiere und alle uns unsympathischen Menschen im Traum sind beispielsweise Bilder für unsere abgelehnte Seite. Und da wir ihr gegenüber blind sind, geht der Traum bisweilen sehr drastisch und übertreibend vor. Anders werden wir nicht aufmerksam. Wenn uns im Traum beispielsweise ein grausamer Mann verfolgt, dann stellt er ein Bild für unsere grausame und gierige Seite dar, die wir uns nicht trauen, anzusehen.

Zum Schatten gehören Monster aller Art, Bestien und wilde Tiere, alle uns bedrohenden Menschen, vor denen wir Angst haben, wie Verfolger, Räuber, Mörder, Vergewaltiger und alle diejenigen, die eine Macht über uns besitzen, alle uns unsympathischen Menschen und alles, was uns einen Schrecken einjagt.

Die *Anima* (die dunkle, animalische Seelenseite) drückt sich in all dem aus, was in den ostasiatischen Philosophien mit Yin bezeichnet wird. Das sind die Symbole des Weiblichen und Mütterlichen wie das Weiche und Runde, alle Gebärmutter-Symbole wie die Höhle und die Muschel, und alle Traumpersonen, die Sie spontan „als typisch weiblich“ einstufen würden.

Dazu kommen alle Symbole, die Schutz und Nahrung, Vervielfältigung und Fruchtbarkeit ausdrücken. In der Mythologie entspricht der Anima die Aphrodite/Venus-Energie.

Der *Animus* (die helle, animistische Seelenseite) drückt sich in all dem aus, was in den ostasiatischen Weisheitslehren und Philosophien mit Yang bezeichnet wird. Das sind alle phallischen Symbole, das Harte und Eckige genauso wie Eigenschaften, die wir „als typisch männlich“ einstufen würden. Dazu gehören beispielsweise Durchsetzungskraft und Aggressivität (Mars-Qualitäten), aber auch die Bilder des liebevollen Vaters und zärtlichen Liebhabers. In seiner geschädigten Form zeigt der Animus zerstörerische Aggressivität, Unterdrückung oder Starrheit. Zu seiner befreiten Form gehören zum Beispiel Zielgerichtetheit und Klarheit, Stärke und Bewusstheit.

SUBJEKTSTUFE UND OBJEKTSTUFE

Arbeiten Sie mit Subjektstufe und Objektstufe: Diese Begriffe hat ebenfalls der Schweizer

Psychologe C. G. Jung entwickelt. Auf der „Objektstufe" betrachtet, stehen die Figuren und Szenen im Traum für andere Personen und äußere Ereignisse.

Auf der „Subjektstufe" betrachtet, sind dieselben Figuren und Szenen nur Spiegelbilder, Facetten der eigenen Person und innerer Ereignisse.

Ein Streit oder eine Auseinandersetzung im Traum kann der Verarbeitung – oder auch der Vorbereitung – eines tatsächlichen Streits mit konkreten anderen Personen dienen. Der gleiche Traum kann jedoch auch eine innere Auseinandersetzung anzeigen.

Ob nun die Subjektstufe oder die Objektstufe mehr im Vordergrund steht, ist von Mal zu Mal verschieden. Im Zweifelsfall muss man bei der Traumdeutung beide Möglichkeiten bedenken.

Im Traum können verschiedene typische Situationen auftreten. Wenn Sie zum Beispiel vor einer Traumperson Angst haben, macht Ihnen diejenige Seite in Ihnen Angst, die diese Traumperson symbolisiert. Es handelt sich hierbei meistens um lang unterdrückte Seiten von einem selbst.

Ist es in einem Traum wichtig, dass eine Person aufsteht, dann ist dies oft ein Hinweis darauf, dass man etwas tun sollte. Man wird durch dieses Traumbild aufgefordert, aktiv zu sein.

Ein Baby im Traum kündigt etwas Neues an, um das man sich aufmerksam kümmern sollte.

Ein Baby im Traum kommt nicht nur häufig bei schwangeren Frauen vor. Oft zeigt dieses Traumsymbol an, dass sich etwas Neues in unserem Leben ankündigt. Diesem Neuen muss man viel Aufmerksamkeit und Energie widmen. Ob es sich hierbei um eine neue Beziehung, ein neues Arbeitsprojekt oder was auch immer handelt, kann nur der Träumer wissen.

Eine Person, die badet, reinigt ihre Gefühle. Sie macht direkten Kontakt mit dem klaren Wasser, das das reine Gefühl symbolisiert. Jemanden zu begrüßen heißt Kontakt aufzunehmen. Bei dieser Traumsituation ist zu beachten, wen man begrüßt und wie diese Begrüßung abläuft.

Wovor das Traum-Ich flieht, dem sollte sich der Träumer annähern. Mit der Flucht begibt man sich in die Opferhaltung, wenn man sich jedoch dem zuwendet, wovor man flieht, kann man selbst die Situation bestimmen.

Ein Fremder symbolisiert stets einen Persönlichkeitsanteil von uns, der uns fremd ist, das heißt, der uns unbewusst ist. Die Charakterisierung des Fremden gibt uns Hinweise, um welchen Anteil es sich handelt, sodass wir uns ihm nähern können. Freund oder Freundin im Traum personifizieren positive Persönlichkeitsanteile von uns, die wir mehr ausbilden und pflegen sollten. Es sind diejenigen Kräfte, die uns helfen. Auf der anderen Seite können sie auch unseren realen Freund oder unsere Freundin bezeichnen. Dann wird die Beziehung zu dieser Person abgebildet. Meistens trifft beides zugleich zu.

Sexuelle Traumszenen sind oft Ausdruck unerfüllter Wünsche auf sexuellem Gebiet oder sie zeigen Wünsche und Ängste, die aus ganz anderen Lebensbereichen herrühren. Auf der Subjektstufe sind sie Symbole der Verbindung, der tiefen Kontaktaufnahme mit sich selbst. Die männliche und die weibliche Seelenseite, Animus und Anima, verbinden sich im Träumer bzw. in der Träumerin. Sexualität im Traum weist oft auf die Geheimnisse des Lebens wie Geburt, Hochzeit und Tod hin. Sie ist das stärkste Kreativitätssymbol im Traum.

Im Traum trägt die Sexualität ihre Zwecke in sich, es sind ihre eigenen Werte wie Kraft, Lust und Befriedigung, und andererseits ist ein Zweck der Sexualität die Herausbildung des Selbst. Denn der sexuelle Höhepunkt ist auch ein Gleichnis, ein Beispiel dafür, wie wir - in jedem Bereich des Lebens - alle persönliche Kraft und Lust sammeln und im Brennpunkt des jeweiligen Augenblicks konzentrieren und einsetzen können.

ÄNGSTE VERLIEREN IM TRAUM

Viele Träume wirken auf den ersten Blick beunruhigend. Sie bieten aber, wenn man nur die Kraft und die Geduld aufbringt, sich mit ihnen auseinander zu setzen, auch große Chancen, aktuelle und manchmal sehr alte Ängste zu erkennen und loszuwerden!

CHAOS UND LABYRINTH

Träume von Chaos und Labyrinth (siehe auch Seite 77) drücken häufig aus, dass man zu unbewusst oder einseitig lebt! Wenn Geist, Sinn und Verstand zu kurz kommen und keinen Kontakt zu den persönlichen Wahrnehmungen und Empfindungen bekommen („kein Anschluss unter dieser Nummer"), dann weiß die Person nicht, „was läuft": Im wahrsten Wortsinne grundlose

Gedankensplitter, Begriffsfetzen und sprachliche Assoziationen bilden eine chaotische Weltsicht, die sich im Traum niederschlägt.

Als „brainstorming" ist dieser Vorgang sehr wohl erwünscht. Verselbstständigte, empfindungslose Gedanken können aber auch ein labyrinthhaftes Weltbild ausmalen, das sich in Träumen des Verirrens, des Auf- und Ablaufens ohne anzukommen, der Ziellosigkeit sowie der verzweifelten Suche niederschlägt. Bei Labyrinth-Träumen sollte man seine Gedanken beruhigen und bewusster auf seinen „Bauch" achten - also der Intuition folgen.

NOT UND ELEND

Zum Verständnis dieser Träume ist es wichtig zu wissen, dass „Notlagen" oftmals Hinweise auf Bedürfnisse und auf Dinge, die man loslassen sollte, geben. Oft spiegeln Nöte im Traum eine zu große Bescheidenheit oder umgekehrt eine zu große Anspruchshaltung im Tagesleben wider!

Der Traum stellt Mangelsituationen und Notlagen groß heraus, wenn die gegebenen Verhältnisse dem eigenen Selbst nicht mehr oder noch nicht genügen! In diesem Sinne sind (Traum-)

Erfahrungen von Not und Elend ein Hinweis auf die Aufgabe, die eigenen Ansprüche ernster zu nehmen und genau zwischen persönlich tauglichen und untauglichen Ansprüchen zu unterscheiden.

BEHINDERUNGEN

Träume von Behinderungen, Umwegen, Verhinderungen und Lähmungen verweisen oft auf eine bestimmte Quelle: die Unterdrückung oder auch die Überschätzung der eigenen Spontaneität und Natürlichkeit. Man fühlt sich behindert oder läuft in die Irre. Im Alltags- wie im Traumleben wechseln sich Hektik und Erschöpfung ab.

Die Angst vor Behinderungen oder Lähmungen, die am eigenen Körper oder durch äußere Hindernisse eintreten, spiegelt die Furcht sowohl vor dem Handicap, vor Verlust und Versäumnis schlechthin, wie auch vor dem Überrolltwerden von einer Entwicklung, die sich verselbstständigt hat und an der man selbst zu wenig Anteil hat. Wenn solche Träume uns auch übel zusetzen können, so liegt ihr Vorteil dennoch darin, dass vorhandene Ängste zum Ausdruck kommen, sodass man Konsequenzen daraus ziehen kann.

VERLUST UND EINBRÜCHE

Solche Träume symbolisieren das Thema, den Boden unter den Füßen zu verlieren. Andere Formen der Haltlosigkeit können dem entsprechen. Die Umkehrung bieten Traumsequenzen, in denen man vom Boden nicht mehr loskommt, wo etwa die Füße festgewachsen oder einzementiert erscheinen.

Zu den Untergangsempfindungen gehören die Motive der Zimmerdecke oder des Fußbodens,

In vielen Träumen fühlt man sich eingeengt, von Zwängen umgeben, aus denen man sich nicht befreien kann.

die nicht mehr tragen und einbrechen (von unten: dass der Boden bricht; von oben: dass einem die Decke oder der Himmel auf den Kopf fällt). Diese Art von Einbrüchen haben mit den Diebstahlseinbrüchen gemeinsam, dass wir dabei in unserer Existenzgrundlage betroffen sind. Im Traum zeigen solche „Einbrüche" verblüffend häufig den Wunsch, einmal „aus dem Rahmen zu fallen", Begrenzungen aufzuheben, das Bedürfnis, neue Grundlagen zu schaffen und sich neu zu orientieren.

LEBENSTRÄUME DEUTEN – ABER WIE?

Zunächst treffen wir zwei grundverschiedene Voraussetzungen bei den Lebensträumen an: Einmal sehr klare, festgelegte Traumziele; man möchte einen bestimmten Beruf ergreifen, eine Beförderung erreichen, eine bestimmte Zahl von Kindern haben, gewisse Abenteuer oder Mußestunden erleben usw. Daneben gibt es Lebensträume, die als solche unscharf, wenig umrissen sind, die zwar Planungen beinhalten, aber keine eigentlichen Ziele kennen.

Häufig sind es Veränderungen und Irritationen im Tagesgeschehen, die auf eine solche

Ziellosigkeit hinweisen. Eine besondere Chance stellen in diesem Zusammenhang Träume dar, die ausdrücklich auf Undefiniertes und Unscheinbares hinweisen, wie im Falle einer Hausfrau, Mitte 30, die in einer wichtigen Lebensetappe nachts immer wieder von einer großen grauen Fläche träumte. Grau ist die Farbe des noch Unbewussten und Undefinierten, eine unbunte Mischfarbe, in der das Helle mit dem Dunklen vermengt ist. Grau steht für die Verbindung von Gegensätzen, aber auch für eine Grenzsituation. Die Träumerin meditierte neun Tage lang immer wieder über das Grau aus ihrem Traum. Dann entschied sie sich, ein Traumtagebuch anzulegen: „Mir ist eines klar geworden", erzählte sie, „ich muss mehr darüber wissen, was ich eigentlich will".

Im Falle der festgelegten, klar definierten Lebensträume besteht die Deutungsarbeit darin, den Traum mit allen vorhandenen Erfahrungen und persönlichen Möglichkeiten zu überprüfen: Ist ein bestimmtes Traumziel eine sinnvolle Vision, eine aussichtsreiches Streben, das es auch gegen alle Widerstände zu verteidigen lohnt, oder handelt es sich dabei um eine

Illusion, um einen Fetisch, d.h. um einen symbolischen Ersatz?

Diese Frage führte im Falle einer Sozialpädagogin, Mitte 30, zu einer recht verblüffenden Antwort. Sie hatte einen großen Traum: Sie wollte für ein bis zwei Jahre in Portugal leben. Dieser Traum machte sie glücklich, er beflügelte sie, und die Vorfreude darauf ließ sie auch an schlechten Tagen durchhalten. Sie hatte zu seiner Realisierung schon einiges in die Wege geleitet, und in einem sechswöchigen Urlaub sollte die endgültige Entscheidung fallen. Dieser Urlaub aber gestaltete sich wider Erwarten unbefriedigend. Eine berufliche Krise und sogar eine Fehlgeburt schlossen sich an.

Was war nun mit ihrem Traum: aus und vorbei, eine Illusion, ein Irrtum oder war es doch etwas ganz Anderes?

Es brauchte einige Zeit (etwas mehr als zwei Jahre), viel Selbstbeobachtung und etwas psychologische Beratung, um die Antwort zu finden: Der Traum war weder ein Trugbild noch ein Irrtum. Er hatte vielmehr die sehr wichtige Funktion erfüllt, alle persönlichen Energien zu bündeln und zu aktivieren. Nur war der Traum ein Symbol gewesen. Das gewünschte Glück stellte sich nicht ein, wenn er als bare Münze genommen, sondern nur, wenn er in seiner symbolischen Bedeutung verstanden wurde.

Für die betreffende Person kristallisierten sich dabei im Wesentlichen drei symbolische Ebenen des „Lebens in Portugal" heraus:

① Sehnsucht nach Sonne: Sonne bedeutet als Traumsymbol u. a.: schöpferische Energie, Bewusstsein, Lebensmitte, (Sonn-)Tag. Seit alters ist die Sonne ein Vatersymbol, aber mitunter auch ein Symbol des Sohnes (vgl. den Gleichklang von „Sohne" und „Sonne").

② Erinnerung an Emanzipation: Nach Portugal waren ihre ersten selbstständigen Reisen gegangen. Hier hatte sie materielle Sorglosigkeit, persönliche Unabhängigkeit und sexuelle Bestätigung erlebt.

③ Leben am Meer: Als Traumsymbol bedeutet das Meer u. a. Gefühl, Urkraft, Gewalt, Nahrung und Neubeginn, kollektives Unbewusstes und „ozeanische Gefühle"; Sehnsucht nach

Freiheit und Unabhängigkeit; oft steht Meer symbolisch auch für „mehr“.

Zusammengefasst ergab sich in dem konkreten Fall Folgendes: Die Träumerin wünschte einen Neuanfang, suchte nach den Wurzeln ihrer Gefühle und ihrer persönlichen Selbstständigkeit (Emanzipation). Es ging für sie im übertragenen Sinne darum, „einen Platz an der Sonne“ zu finden, wo insgesamt „mehr“ Lebensenergie, Wärme und Freude vorhanden, wo ungelöste

Die einsame Insel in der Karibik ist ein schönes Traum- und Lebensziel.

Vaterprobleme (fehlender Vater) aufgehoben und der Weg in die Mitte (zur eigenen Mitte und schöpferischen Kraft) offen sein sollten.

Sie verstand die Wucht ihres Traumes und der nachfolgenden Ereignisse als „Beweis" dafür, dass sie die Dinge ihres Lebens mehr selbst in die Hand nehmen sollte. Ihre Aufarbeitung der Traumerfahrungen war begleitet von einem Umzug von West- nach Süddeutschland, der Geburt eines Sohnes und der Eröffnung eines Kleingewerbes. Der Traum hatte „Recht" behalten: Sie sollte ihr Leben anderswo und auf verändertem Niveau neu beginnen. Doch ihr „Portugal" lag geografisch in der Nähe von Singen, Hohentwiel.

TYPISCHE MOTIVE IN LEBENSTRÄUMEN

Wie in Janoschs Bildergeschichte „Oh, wie schön ist Panama", so gibt es für jeden ein Panama oder Portugal, ein persönliches Paradies, dass man erkennen auf dass man hinarbeiten sollte! Ohne reale Ideale, ohne ein ernsthaftes Traumziel bleiben die besten seelischen Energien und praktischen Talente ungeweckt, ungenutzt oder unkoordiniert. Wir müssen „nur" für uns selbst wissen, was der betreffende „Große Traum" wirklich bedeutet – damit wir keinem Fetisch nachlaufen und damit wir erkennen, wann und wie ein wesentliches Ziel erreicht ist.

Die folgende Liste von Motiven in Lebensträumen kann Ihnen helfen, Ihre Lebensträume (besser) zu verstehen, und sie anregen, sie zu beherzigen und zu verwirklichen.

ABENTEUER

Als Lebenstraum sowohl ein wirklicher Wunsch wie häufig auch eine Kompensation, möglicherweise eine Abwehr gegen das Bedürfnis nach Ruhe und Beschaulichkeit. Oft Ausdruck einer tieferen Zerrissenheit, die entweder Abenteuer und Aktion oder Gemütlichkeit und Zuhausesein kennt. Die Wortbedeutung gibt hier jedoch einen wichtigen Lösungshinweis: „Abenteuer" *(adventure/aventure)* leitet sich u.a. von „Ankunft" *(adventus)* ab. Wenn der Traum vom großen Abenteuer dazu führt, dass wir zur Mitte der schöpferischen Kräfte in und um uns finden, dann erreichen wir beides zugleich – Abenteuer und Ankunft.

AGGRESSION

siehe „Rache/Vergeltung“

ALTER/ALTWERDEN

Der Wunschtraum, (sehr) alt zu werden, drückt sowohl das Bedürfnis aus, viel zu erleben und viel zu erreichen, als auch eine berechtigte oder aber unberechtigte Angst vor dem Sterben. Wie der Sensenmann im Märchen, so deutet der Tod als Traumthema ebenfalls nicht nur auf Ende und Abschied hin, sondern auch auf Ernte und Fruchtbarkeit: „Was willst du ernten in diesem Leben?“ Je sinnvoller die Antwort auf diese Frage ausfällt, um so klarer tritt der Sinn des Lebens in seiner wahren Kraft hervor, ohne dass wir den unvermeidlichen Verschleiß, die Zeitlichkeit und die Notwendigkeit der Erneuerung aller Kräfte verdrängen, fliehen und leugnen müssten. Siehe auch unter „Unsterblichkeit“.

ANERKENNUNG

Der Traum von Anerkennung hat viele Komponenten, zum Beispiel Geltungsstreben, die Furcht vor Ablehnung (Angst, abgelehnt zu werden, und Angst, jemanden abzulehnen), zu viel oder zu wenig Selbstverständlichkeit in der Zustimmung zu sich selbst.

ATLANTIS

Steht für verlorenes Land bzw. verheißenes Land, das, womit man „schwanger geht". Die „traumhaften" Möglichkeiten, welche man in sich trägt, auch die versunkenen Wünsche oder Talente, die aus großer Ferne zu uns sprechen. Atlantis und andere sagenhafte Bezugspunkte unserer Träume zeigen durch ihre große Entfernung mitunter auch eine besonders große Diskrepanz zwischen Wunsch und Wirklichkeit bei dem oder der Betreffenden an.

BERÜHMTHEIT

Zum Lebenstraum, berühmt zu sein oder Berühmtheiten zu begegnen, siehe „Anerkennung".

CHEF/CHEFIN

„Einmal Chef sein" - ein für jede und jeden notwendiges Traumziel, wenn es bedeutet, „Herrscher" oder „Herrscherin" im eigenen Leben zu sein. Ein illusorisches Traumziel, falls es für einen

Mangel an Unter- oder Einordnung, an Hingabe oder Vertrauen steht. Möglicher Ausdruck von Unterlegenheitsgefühlen oder einer besonderen Vaterprägung. Siehe auch unter „Geltung“ und „Reichtum“.

DURST

siehe „Sättigung“

EIGENHEIM

Man wünscht sich Heimat und Geborgenheit, strebt aber auch nach Abnabelung und seelischer Eigenständigkeit. Manchmal hat der Träumende Schwierigkeiten damit, bei sich selbst Zuhause zu sein, oder Widerstände dagegen, sich für andere zu öffnen. Wichtig ist die Art des Hauses, das oft ein Bild der eigenen Identität wiedergibt.

EINKLANG

Dieses Motiv der Lebensträume kann der Angst vor Konflikt und Auseinandersetzung entspringen und steht nicht selten für das bewusste oder unbewusste Bedürfnis nach verstärkter Abgrenzung. Darüber hinaus drückt es jedoch eine starke Zuwendung zur eigenen Person in ihrer

Ganzheit (Einklang mit sich selbst) oder den Wunsch danach aus sowie eine besondere Zuneigung zu Mitmenschen und Umwelt. Finden Sie heraus, welche Interessen und Leidenschaften davon profitieren, wenn die gewünschte Eintracht, der Einklang mit sich selbst erreicht wird.

ERLÖSUNG

Eines der klassischen Lebenstraumziele - es spiegelt sich in vielen Religionen wider und ist in vielen „weltlichen" Bereichen lebendig, zum Beispiel in Form von Therapien oder Karrieren. Obwohl christliche Erlösungsvorstellungen zahlreichen Vorwürfen ausgesetzt sind, etwa dem der Vertröstung auf ein besseres Leben nach dem Tode, und obwohl ihr Stellenwert im heutigen Leben insgesamt zurückgegangen ist, darf dennoch nicht übersehen werden, dass nach christlicher Vorstellung bereits mit der Taufe das Lebensziel Erlösung erreicht ist, also schon am Anfang des Lebens. Diese Vorstellung unterscheidet sich wohltuend von allen Konzepten, für die das ganze Leben mehr als Prüfung oder als Vorleistung für eine Erlösung betrachtet wird, die nach dem Tod kommt. Wenn ein Wunsch oder ein Lebenstraum aber nur aus dem, was noch nicht ist, aus dem Mangel allein heraus geboren wird, hat er schlechte Chancen, erfüllt zu werden. Immer muss das Gewünschte schon in Ansätzen, Spuren oder Keimen vorhanden sein, sonst wären wir nicht einmal in der Lage, den Wunsch danach zu entwickeln. Als persönlicher Lebenstraum gleicht der Wunsch nach Erlösung oft einer großen Passion – einer besonderen Leidenschaft oder aber Leidensbereitschaft. Prüfen Sie, wovon Sie sich lösen und wofür Sie etwas lösen möchten.

ERLEUCHTUNG

Manchmal mit dem Lebensziel der Erlösung gleichzusetzen (siehe dort); manchmal aber ist sie auch Kennzeichen eines unbegründeten Wunderglaubens. Andererseits aber zeigt der Traum von Erleuchtung auch die Ernsthaftigkeit, mit der eine größere Dimension des Lebens angestrebt wird. Zur Erfüllung des großen Wunsches nach Erleuchtung dient alles, was die seelischen Energien in Bewegung hält, insbesondere die Erkenntnis der persönlichen Wünsche und Aufhebung der eigenen Ängste.

FAMILIE

Familie kann es in unterschiedlichen Ausprägungen geben, wichtig ist dabei das Zusammenleben in einer Gemeinschaft: Es zählt (genauso wie das Streben nach Selbstverwirklichung) zu den Grundbedürfnissen des Menschen. In und mit einer Familie zu leben bedeutet als Lebensziel daher zugleich den Wunsch nach einer Lebenssituation, worin die Grundbedürfnisse gewahrt und gepflegt werden. Im Übrigen stellt die Familie oder die Lebensgemeinschaft auch einen Spiegel für die Vielfalt der Seelen dar, sodass der Wunsch nach Familie auch als Ausdruck des Wunsches nach einem intakten Seelenleben (zunächst besonders innerhalb der eigenen Person) verstanden werden muss.

FREUNDSCHAFT

Sehnsucht nach sozialen Kontakten, Liebe und Hilfe, Wunsch nach Verbindung zu (unbekannten) Aspekten der eigenen Persönlichkeit. Siehe auch „Einklang“ und „Familie“.

FRIEDEN

Dieser Traum kann direkt oder indirekt durch akute Kriegserfahrungen geprägt sein, die sich eventuell mit persönlichen Schwächen (z. B. Angst vor Auseinandersetzung) und Stärken (z. B. Fähigkeit zu Mitgefühl) verbinden. In der Symbolik stellt der Frieden einen „himmlischen" Zustand dar, was u. a. bedeutet, dass der Frieden – eine gewisse Ausgeglichenheit der Aggressionen – den geistigen Bereich (Himmel, Luft) betrifft. Die Sehnsucht nach Frieden stellt daher auf persönlicher Ebene oft einen Wunsch nach geistiger Ruhe und Zufriedenheit, nach ungestörter Entwicklung eines mit sich selbst und der Welt einigen Bewusstseins dar.

GARTEN

Der Garten ist ein Inbegriff der Verbindung von Natur und Kultur. Auf den Menschen übertragen, symbolisiert er die (geglückte) Einheit von Sinn und Sinnen, von Sinnhaftigkeit und Sinnlichkeit. Als Lebensraum und Lebenstraum verkörpert der Garten daher Einfriedung der Natur und Erdung des Geistes, Fruchtbarkeit und Vollständigkeit der persönlichen Entwicklung. Als Wunsch drückt er eventuelle Stärken oder Defizite in diesen Bereichen aus, die es anzunehmen gilt.

Im Garten verbinden sich Kultur und Natur oder auch die Sinne und Sinnlichkeit.

GELD

Einer der verbreitetsten Lebensträume ist der vom großen Geld. In der Traumsymbolik verweist „Geld“ jedoch nur im Ausnahmefall auf tatsächlich ökonomisch begründete Hoffnungen und Ängste, in der Regel vielmehr auf bestimmte persönliche Bedürfnisse oder Probleme. „Geld“ ist das häufigste und allgemeinste Sexualitäts- und Machtsymbol, für einige moderne Psychoanalytiker daher auch Potenzsymbol.

Der Traum vom Geld ist als Lebensthema auf mehreren Ebenen zu deuten:

① Als Spiegel, d. h. als Gegensatz und Ergänzung unserer Erfahrungen in der Liebe.

② Als Ausdruck des Strebens nach Anerkennung und Geltung (siehe Seite 173).

③ Als indirekter Ausdruck der Suche nach unseren wahren Talenten. Denn immerhin war das „Talent“ in der Antike zunächst ein Geldstück (Taler und Dollar stammen von diesem Wort ab), und als Potenzsymbol betrifft Geld nicht nur die sexuelle Kraft, sondern in jeder Hinsicht das praktische Vermögen, befriedigende Resultate zu erzielen. „Talent" im übertragenen, heute geläufigen Sinne von Begabung und Befähigung ist also gemeint, wenn wir von Geld träumen. Unser Talent gleicht dem sprichwörtlichen Gold, das auf der Straße liegt, aber zunächst aussieht wie eine unscheinbare Münze. Geld-Träume verweisen insoweit auf die Notwendigkeit, das eigene Talent ausfindig zu machen und ins Spiel zu bringen.

④ Oft handeln die Träume aber auch davon, vor allem mehr Geld besitzen zu wollen. In diesem Falle ist das Geld nicht an bestimmte Wünsche, Bedürfnisse oder Talente gekoppelt, sondern der unbestimmte Wunsch, „mehr" zu verdienen oder zu verbrauchen, macht deutlich, dass es hier um unbekannte Wünsche geht. Die Traumdeutung besteht in diesem Falle darin, herauszufinden, welche Wünsche, Bedürfnisse und Talente persönlich wirklich von Bedeutung sind.

(5) Im Übrigen verweist Geld allgemein auf Erfolg und Sicherheit. Wägen Sie immer alles ab und planen und durchdenken Sie immer jede Situation? Haben Sie Angst, die Kontrolle über sich selbst und die Situation zu verlieren? Oftmals zeigt Ihnen dieses Traumbild, dass Sie sich dem Leben (mehr) öffnen und Ihre Lebendigkeit, mit allen Konsequenzen, bejahen sollten.

GELTUNG

Der Wunsch nach Geltung entwickelt sich oft in Abhängigkeit von einer Berührungsangst: Je größer der Widerstand, mit bestimmten Seiten des Lebens in Berührung zu kommen, desto größer das Geltungsstreben (siehe auch „Anerkennung"). Eine glückliche Erfüllung des Bedürfnisses nach Geltung setzt voraus, dass wir uns des Wertes der persönlichen Individualität bewusst werden und dass wir einen Maßstab besitzen, um eigene und die Bedürfnisse Anderer gegeneinander abzuwägen.

GERECHTIGKEIT

Auf die Frage der Bedürfnisse bezieht sich auch dieses Motiv. Gerechtigkeit betrifft als

Traumsymbol weniger ein abstraktes Prinzip oder den konkreten Ablauf eines Justizfalles, als vielmehr die Frage, wie den Bedürfnissen der Seele Gerechtigkeit widerfährt. Gerechtigkeit steht symbolisch für die Fähigkeit, im persönlichen Leben unterschiedliche Interessen „richtig" zu beurteilten und entsprechend zu behandeln. Der Wunsch nach Gerechtigkeit bedeutet daher in der Regel die Suche nach den wahren Bedürfnissen. Er bewirkt und benötigt eine (weitere) Klärung des persönlichen Selbstverständnisses: Was ist wichtig in meinem Leben? Wo komme ich her, wo will ich hin? Was muss ich dafür tun?

GESUNDHEIT

Wie bei „Gerechtigkeit", „Geld" und besonders „Alter", so ist auch dieses große Lebensziel nicht allein aus sich selbst heraus verständlich, sondern in seiner symbolischen Bedeutung oft Stellvertreter für anders lautende Ziele. Hinter „Gesundheit" können sich zum Beispiel Ziele wie Schmerzfreiheit und Unbesiegbarkeit verbergen, also eine Tendenz, die Schmerzen, Schwächen und Schwierigkeiten des Lebens auszuklammern, statt anzunehmen und sich damit auseinanderzusetzen. Wenn „Gesundheit“ zum Beispiel die Vermeidung von Krankheit bedeuten soll, dann fehlt ein positiver Begriff davon, wofür wir unsere Kräfte in diesem Leben einsetzen möchten (siehe Stichwort „Alter“). Geeignete (Lebens-) Aufgaben wecken all unsere Kräfte und lassen sie sich entwickeln, indem sie regelmäßig fordern und damit auch verbrauchen (siehe auch „Lebensaufgabe“ und „Unsterblichkeit“).

GEWALT

siehe „Rache/Vergeltung“

GOLD

siehe „Geld“ und „Sonne“

GOTT

„Gott“ zu finden war und ist der große Lebenstraum im Christentum und in anderen Religionen. Viele religiöse Erfahrungsberichte handeln davon, wie dieser Traum wahr wurde. In der „Gegenwart Gottes“ zu leben entspricht nach religiöser Auffassung dem Maximum einer menschenmöglichen Entwicklung. Dahinter verbirgt sich ein enormer Glücksanspruch, eine besondere Bedürftigkeit oder aber Befähigung zum Glück. – Nach psychoanalytischer Auffassung steht dieses Traumziel in der Regel in Verbindung mit „ödipalen" Problemen. Die Suche nach „Gott" kann in diesem Sinne eine Hassliebe zum eigenen Geschlecht und eine übermächtige Bindung an das andere Geschlecht bedeuten.

HAUS

Ein Symbol dessen, was wir insgesamt in unserem Leben aufbauen und wie wir es gestalten

Ein Haus stellt im übertragenen Sinn das dar, was man in seinem Leben aufbauen will. Je nach Zustand des Hauses ist es gut oder nicht gut gelungen.

wollen. Als Lebenstraum bedeutet dieses Motiv also unseren Wunsch danach oder unsere Schwierigkeit damit, im übertragenen Sinne Architekt und Baumeister des eigenen Lebens zu sein (siehe auch „Eigenheim“ und „Geld“).

HUNGER

siehe „Sättigung“

INSEL

Die einsame Insel und die Insel der Träume sind Symbole der Schönheit unseres Selbst und der persönlichen Freiheit. Diese Insel schiebt sich naturgemäß besonders dann in den Mittelpunkt unserer Träume, wenn wir uns entweder zu sehr von anderen isoliert oder zu wenig auf uns selbst verlassen haben. Wie „Atlantis“, ist die Insel ein Ausdruck der Sehnsucht nach dem „ganz Anderen“.

JUGEND

Weigerung, einen Lebensabschnitt tatsächlich abzuschließen. Jugend symbolisiert die persönliche Aufgabe, einen Platz in der Welt zu finden, worin die eigene Person ihr Wesen verwirklichen kann (siehe auch „Alter“, „Gesundheit“, „Kinder“).

KIND/ER

Entweder ein sehr positives Traumziel, das neue Möglichkeiten anzeigt, oder ein Hinweis auf unseren Widerstand gegen Reife und Vollendung. Kind und Kinder verkörpern Wesensteile von uns, die erwachsen werden wollen. Das „innere Kind“ wartet darauf, abgeholt und geliebt zu werden. Es wartet freilich auch darauf, erzogen zu werden!

Bei Frauen, nicht selten aber auch bei Männern, liegt hier ein konkreter Wunschtraum vor. Auch Symbol der schöpferischen Mitte oder der Kontinuität des Lebens. Kind und Kinder können nach Freud entweder die eigene Person darstellen oder auch das eigene Genital. Sicherlich trifft es noch heute zu, dass wenn ein Erwachsener vom Kind träumt, immer auch regressive Tendenzen mitspielen. Allerdings sollten wir nicht aus den Augen verlieren, dass die „Rückeroberung der eigenen Kindlichkeit“ auch ein positiver Prozess sein kann, der uns im Alter wieder lebendig und auch erotisch werden lässt. Das Traumsymbol des Kindes hängt immer mit der Lebenskraft, der Daseinsfreude und so auch mit der Sexualität zusammen (siehe auch „Wiedergeburt“).

LEBENSAUFGABE

Zu diesem Traumziel zunächst eine Vorbemerkung: Begriffe wie Lebensaufgabe, Berufung, Karma, Lebensziel usw. sind im heutigen Gedankengut weniger verbreitet als noch vor einigen Jahrzehnten. Das ist auch gut, weil diese seinerzeit mit diversen religiösen oder weltanschaulichen Vorurteilen belastet waren. Trotzdem ist es aber so, dass alles Lebendige sich stets in eine bestimmte Richtung entwickelt, wie zahlreiche Biologen, Psychologen und Philosophen ausgeführt haben. Wie ein Fluss, so braucht auch die Seele ein gewisses Energiegefälle, eine bestimmte Spannung oder Zielgerichtetheit, damit sie lebendig und fließend bleibt. In diesem Sinne sind Lebensträume, Lebensziele und eben auch Lebensaufgaben nichts anderes als ein Lebensentwurf und eine große Perspektive, die dazu geeignet sind, auch auf lange Sicht unser Seelenleben und unser persönliches Wachstum beweglich und frisch zu erhalten.

Lebensaufgaben sind in der Regel Aufgaben von solcher Wichtigkeit und solchem Umfang, dass wir tatsächlich eine ganze Lebensspanne benötigen, um die uns hier gesteckten Ziele zu verwirklichen. Für die großen Lebensaufgaben lässt sich nicht mehr zwischen Weg und Ziel unterscheiden. Der bekannte und bedeutende Spruch „Der Weg ist das Ziel“ hat seine volle Berechtigung gerade in Zusammenhang mit unseren persönlichen Lebensaufgaben.

Alle scheinbaren Verrücktheiten, Unwahrscheinlichkeiten und Unmöglichkeiten unserer Träume sollten auch unter dem Aspekt gesehen werden, was sie über unser höchsteigenes Talent aussagen, dessen Kristallisationspunkt die Lebensaufgabe ist.

Darüber hinaus sind vielfach wiederkehrende Traumbilder mit bestimmten Berufen, Situationen oder Handlungen bekannt, die im konkreten Fall jeweils ein Symbol der persönlichen Lebensaufgabe darstellen. Beachten Sie aber auch, dass der Traum von der großen Lebensaufgabe von den Schwierigkeiten künden kann, sich auf den Augenblick, das Ungeplante und „Unwichtige“ einzulassen. Eine sinnvolle und geeignete

Lebensaufgabe bringt alle Seiten der Persönlichkeit, viele Aspekte des Augenblicks ins Spiel. Die Lebensaufgabe ist die andere Seite, die notwendige Ergänzung unserer Lebensträume.

LIEBE

Man sehnt sich nach Liebe. Aber man fürchtet sich vielleicht auch heimlich davor, lieben zu können und/oder geliebt zu werden. Hier muss besonders darauf geachtet werden, welche Eigenschaften, Gefühle und Umstände zum Traumbild der Liebe dazugehören. Denn selbstverständlich können sich auch ganz andere Ziele, wie zum Beispiel Macht, Angst, Besitz, Befreiung usw., hinter dem Traum von der großen Liebe verbergen. In irgendeiner Weise hängt der persönliche Inhalt von „Liebe" sicherlich stets damit zusammen, dass es einem/r in einer elementaren und weitreichenden Weise gut geht, dass „es" fließt. Frieden und Befriedigung gehören dazu, ebenso die Selbstbestätigung und die fundamentale Erfahrung des Anderen, des Partners. „Liebe, die vorwiegend nach persönlicher Übereinstimmung und Gleichartigkeit sucht, wird immer wieder zu Enttäuschungen führen, weil die bisher nicht wahrgenommenen Schattenseiten des anderen vorwiegend als trennende Unterschiede erlebt werden. Umgekehrt eröffnet sich uns ein wirkliches Paradies der Liebe, sobald der Unterschied, nämlich die Originalität jedes Beteiligten als Basis, als notwendiger Spannungsabstand genommen wird." (Rainer Maria Rilke). - Wenn Sie einen Menschen suchen, mit dem Sie in jeder Hinsicht übereinstimmen, der Sie in jeder Frage versteht usw., dann gibt es dafür nur eine /n: Sie selbst. - Um sich selbst zu finden, brauchen Sie zwar Partner. Denn erst durch Vergleichen und Unterscheiden wird die eigene Beschaffenheit deutlich. Aber - andere zur Ergänzung oder zur Selbstfindung zu brauchen und andere als solche zu lieben, das ist ein himmelweiter Unterschied.

MACHT

Wie Liebe, Sex und Geld, so gehört auch Macht zu den bedeutenden und verbreitetsten Lebensträumen. Als Traumsymbol gibt „Macht" Ausdruck von bestimmten Problemen mit der Selbst-Beherrschung und der Selbst-Bestimmung. Selbst-Beherrschung soll hier vor allem als die Kunst verstanden werden, für sich selbst zu herrschen,

Herrscher oder Herrscherin im eigenen Reich zu sein, Dinge selbst zu bestimmen und zu bewirken.

Bis in unserem Inneren die wichtigsten Interessen zu einem Ausgleich und zu einem gleichberechtigten Dasein gefunden haben, so lange fällt es nach außen und im Zusammenleben mit anderen schwer, tatsächliche Gleichberechtigung zu praktizieren, das Eigengewicht der eigenen oder einer anderen Persönlichkeit wird vernachlässigt.

In Traumszenen, in denen betriebliche und sonstige Hierarchien eine Rolle spielen, sowie in Szenen mit sexueller Dominanz und Unterwürfigkeit kann sich die tiefere Suche nach einem persönlichen Koordinatensystem, nach den Bezugspunkten des eigenen Lebens äußern. Sadismus und Masochismus gehören in diesen Themenbereich. Sie erfordern viel Liebe und Gerechtigkeit, einschließlich Selbstliebe und Selbstkritik, damit die Fähigkeiten zu Selbst-Herrschaft und zu Selbst-Bestimmung sich entwickeln können.

Naturbilder im Traum stehen für die reale ökologische Natur und in einem zweiten Sinn für das eigene Wesen, die innere Natur.

NATURSCHUTZ

Als Traumsymbol bedeutet die Natur stets ein Doppeltes: einerseits die reale äußere Natur

(Lebensumfeld, Ökologie), andererseits die innere Natur (Wesensart, persönliche Beschaffenheit). Die eine Ebene kann stellvertretend für die andere in Erscheinung treten.

Die Sorge um den Erhalt von Grünflächen, um den Erhalt der Artenvielfalt usw. kann stets auch ein Symbol für den persönlichen Wunsch danach sein, dass die innere Natur grünt und in ihrer vielfältigen Art wächst und gedeiht. Umgekehrt zeigt die therapeutische Erfahrung ebenso, dass viele seelische Ängste und Sorgen um das eigene Wohlbefinden in Wahrheit als Ausdruck der Sorge, der Anteilnahme an bedrohlichen Entwicklungen in der Außenwelt zu verstehen sind.

ORDNUNG

Neben der Kritik an „preußischem" oder „teutonischem" Ordnungswahn und einer psychisch bedingten, zwanghaften Ordnungssucht gibt es dennoch viele gute Gründe für den Traum von großer Ordnung. Etwas in Ordnung zu bringen, ist in vielerlei Form Inhalt vieler Träume. Die Hinweise zu den Stichwörtern „Einklang", „Frieden" und „Erlösung" gelten auch hier. Die

Produktivität des Individuums besteht darin, sich selbst zu erschaffen und die Dinge der Welt in Ordnung zu bringen.

PARADIES

Bedeutet eventuell Flucht vor Schwierigkeiten oder den Ausdruck infantiler Wünsche. Jedoch symbolisiert es auch das Streben nach einem Bewusstsein, das mit „Gott und der Welt" im Reinen und bei sich selbst angekommen ist. Das Verdrängte wird aufgehoben, es findet ein bewusster Umgang mit dem Unbewussten statt. „Für einen, der nicht versteht, sind Berge Berge. - Für einen, der zu verstehen beginnt, sind Berge nicht mehr Berge. - Für einen, der versteht, sind Berge wieder Berge" (Zen-Spruch).

PROMINENZ

Möglicher Ausdruck von Minderwertigkeitsgefühlen oder aber der Selbstanmaßung. Der Traum kann ein Hinweis darauf sein, dass die oder der Träumende nach der Bedeutung seiner Person in der Welt fragt. Die Suche nach Bedeutung findet jedoch ihre Antwort darin, dass wir für die Dinge unseres Lebens erkennen und benennen können, was diese für uns bedeuten (siehe auch „Berühmtheit“).

RACHE/VERGELTUNG

Diese stellen de facto wesentliche und verbreitete Lebenstraummotive dar, die nicht unbedingt nur den „niederen Beweggründen“ zuzuordnen sind. Ein positiver Aspekt der Rache und Vergeltung ist das Streben nach Wiedergutmachung, worin die positiven Seiten der Stichworte „Ordnung“, „Wiedergeburt“ und „Erlösung“ mitspielen können. Auf der anderen Seite drücken diese Traumziele selbstverständlich auch die Unfähigkeit aus, zu verzeihen und mit der Vergangenheit abzuschließen. Ein anderer Aspekt dieser Ziele liegt in der Aggression, für die der Wunsch nach Rache oder Vergeltung oftmals nur der willkommene Anlass, das Ventil darstellt.

Aggression im Traum, sei es in aktiver oder passiver Form, kann unter diesen Aspekten verstanden werden.

① Der Traum kann bedeuten, dass man sich von Gewalt oder Rohheit übermäßig bedroht fühlt. In diesem Falle ist es wichtig, sich selbst besser zu behaupten und die eigenen aggressiven Impulse vermehrt auszuleben. Diese werden erst dann gefährlich, wenn man sie ganz zu leugnen versucht. Der Eindruck von Bedrohung und Angst kann allerdings auch eine Folge der Neigung zu Selbstbestrafung oder Selbstquälerei sein.

(2) Neben der Bedrohung können Gewalt oder Aggression in einem Traum auch eine besondere Faszination ausüben. Möglicherweise wird die/der Träumende dadurch auf einige selbst zerstörerische Aspekte seines Verhaltens aufmerksam. Die Traumsymbolik könnte zu Selbstkritik einladen. Ist man wirklich so friedlich, charmant und heiter, wie man es von sich gerne glauben möchte? Können nicht gerade auch in „lieben und netten“ Verhaltensweisen überaus aggressive Züge enthalten sein? Gegenüber der offenen oder der heimlichen Faszination von Gewalt und Aggression kommt es darauf an, einen positiven, bewussten Begriff der eigenen Stärke und Schönheit zu entwickeln. Das bedeutet,

die eigene Aggressivität und Zielstrebigkeit nicht gegen andere, sondern für sich einzusetzen, damit die eigenen Bedürfnisse wirklich befriedigt und der Alltag dementsprechend organisiert werden kann.

③ Grundsätzlich deuten die Themen Rache und Vergeltung sowie Gewalt und Aggression auf alte (seelische) Wunden sowie auf wesentliche Lektionen des Lebens hin, die man entweder schon oder noch nicht gelernt hat. Hier gilt es genau zwischen zerstörerischer Grausamkeit und heilsamer Unmittelbarkeit zu unterscheiden.

REICHTUM

Ausdruck der Sehnsucht nach (oder auch der Angst vor) einem vollen und lebendigen (Seelen-) Leben. Reichtum und Geld (siehe auch „Geld“) hängen im Traum immer mit psychischen Energien zusammen. Eventuell warnen sie vor falscher Bescheidenheit oder vor illusorischen Erwartungen. Unser Dasein und unsere persönliche Eigenart sind unser größter Reichtum. Ob und wie wir mit der Welt umgehen, unsere Individualität bewahren und einbringen, das macht den entscheidenden Unterschied aus.

SÄTTIGUNG

Hunger und Durst bedeuten in der Symbolik einen Mangel an körperlicher, geistiger und seelischer Nahrung. Umgekehrt bedeutet das große Ziel von Sättigung und Befriedigung eigener Bedürfnisse die Aufhebung eines entsprechenden Mangelzustandes.

SELBSTFINDUNG

Bedeutet Sehnsucht nach einem anderen Alltag und das Bewusstsein von den Schätzen und Reichtümern der eigenen Person. Möglicherweise besteht ein Widerstand gegen die Hingabe und das Vertrauen zu anderen. Der Traum warnt vor Egozentrik und Unverständnis gegenüber den spirituellen Seiten des Daseins. „Kaum eine Lebensäußerung ist dabei alltäglich, gewöhnlich und marginal genug, um dem quasi-therapeutischen Zugriff zu entgehen. Früher hat man vielleicht bisweilen gemalt, getanzt, Musik gemacht oder gekocht, heute macht man eine Mal-/Tanz-/Musik- oder Kochtherapie … (Eine) gnadenlose Okkupation des Banalen …, folglich findet der Interessierte Seelenworkshops fürs Luftholen (bewusst atmen), fürs Gucken (frei blicken) und, als Krönung, fürs aufrechte Gehen und Stehen (wie widerstehe ich der Schwerkraft)“, soweit die Kommentatorin einer Alternativzeitschrift.

Der Spott drückt jedoch die Sehnsucht nach einem anderen Alltag aus: ‚Früher hat man …‘ Ja, früher schien manches selbstverständlicher. Und der Wunsch, dass es ‚wieder‘ einfach und selbstverständlich sein möge, ist berechtigt, und mehr noch: Dieser Wunsch ist nämlich der Motor dafür, dass man nicht das ganze und auch nicht das halbe Leben in Therapien oder nur auf der Suche verbringt. Solange das alte Selbstverständnis nicht mehr trägt und ein neues noch nicht vorhanden ist, das ja nur daraus entsteht, dass man sich in der Welt selbst versteht, so lange aber ist eine Übergangssituation gegeben, in der gerade das Alltägliche neu eingeübt wird.

SEX

Oft Ausdruck unerfüllter Wunschvorstellungen auf sexuellem Gebiet oder von Wünschen und

Ängsten, die aus ganz anderen Lebensbereichen herrühren. Auf der Subjektstufe bedeutet Sexualität Symbol der Verbindung, der tiefen Kontaktaufnahme mit sich selbst. Die männliche und die weibliche Seelenseite, Animus und Anima, verbinden sich im Träumer bzw. in der Träumerin. Sexualität im Traum weist oft auf die Geheimnisse des Lebens wie Geburt, Hochzeit und Tod hin (Liebe, Tod und Teufel). Es ist eines der stärksten Kreativitätssymbole im Traum. Dabei ist der sexuelle Höhepunkt auch ein Gleichnis, ein Beispiel dafür, wie wir – in jedem Bereich des Lebens – alle persönliche Kraft sammeln und auf dem Höhepunkt des jeweiligen Augenblicks lustvoll einsetzen können.

UNBESIEGBARKEIT

In diesem Traumziel äußern sich Allmachtswünsche sowie – paradoxerweise – eine Angst davor, Sieger/in zu sein. Ein wahrer Kern dieses Wunschtraumes besteht aber darin, dass jeder Mensch etwas Einzigartiges verkörpert (siehe auch „Sex“).

Sieger zu sein wünscht sich jeder. Im Traum bedeutet dieser Wunsch eine Allmachtsfantasie, aber gleichzeitig auch die Angst davor.

UNSTERBLICHKEIT

Die Unsterblichkeit ist ein anderes Wort für eine bleibende Einmaligkeit. Sie ist weniger eine Frage des Glaubens als der Fähigkeit, ein einmaliges, fruchtbares Leben zu führen und sich so im Bewusstsein der Nachwelt unsterblich zu machen. Das bedeutet praktisch, den Tod weder zu verdrängen noch sich ihm auszuliefern. Darüber steht vielmehr die Berufung zur persönlichen Freiheit und zur Fruchtbarkeit eines gewollten und geliebten Lebens, das sich im doppelten Sinne des Wortes seiner Einmaligkeit bewusst ist.

UMWELTSCHUTZ

Dieses Traumsymbol kann mehrerer Bedeutungen haben:

1. Die innere Beschäftigung mit realen Problemen und Aufgaben des Alltags, den Schutz der äußeren Umwelt.

2. Symbol für die „innere Umweltverschmutzung", d. h. für seelische Belastungen und Unklarheiten, die einen quälen und die gelöst werden müssen.

③ Symbol für das Bedürfnis, die Umwelt nach eigenen Interessen (mit)zugestalten. Wie wir unsere Umwelt sehen, ist auf der symbolischen Ebene ein Ausdruck für die Verwirklichung oder Nichtverwirklichung komplexer persönlicher Bedürfnisse und (Trieb-)Wünsche.

WIEDERGEBURT

Bedürfnis nach einem Neuanfang in diesem Leben. Auch: Ausdruck eines Wiederholungszwanges oder der Schwierigkeit mit einem wirklichen Wandel. Wesentliche Wünsche und Ängste, Schuldzuweisungen und Selbstvorwürfe müssen immer wieder durchgespielt und durchgearbeitet werden, bis die Vergangenheit geklärt und gereinigt ist und das Firmament der Zukunft klar und deutlich sichtbar wird. Erst dann bedeutet Wiedergeburt die Entdeckung einer neuen Lebensqualität, eine Transformation der alten.

ZEIT

Der große Wunsch und Traum, „genug“ Zeit zu besitzen, ist auch im Zusammenhang mit den Stichwörtern „Unsterblichkeit“ und „Alter“ zu sehen. Zeit ist freilich immer vorhanden, sie zu besitzen und über sie zu verfügen, aber ist eine Frage des Bewusstseins und der Persönlichkeit. So offenbart der Wunsch nach „mehr“ Zeit einen Mangel an Persönlichkeit oder einen zu engen Horizont des Bewusstseins. Dieses Traumziel lässt sich jedoch dann verwirklichen, wenn wir (mehr) zum Regisseur bzw. zur Regisseurin unseres eigenen Lebens werden.

EINE FANTASIEREISE

Im Folgenden finden Sie als Anregung eine Fantasiereise, welche die Hinwendung zum persönlichen Weg unterstützen kann.

Sie gehen auf einer großen Straße, auf der viele Menschen unterwegs sind. – Pause. – Sie gehen auf dieser großen Straße. Viele Menschen sehen Sie da. – Während Sie noch vorangehen, erkennen Sie auf einer Seite einen Weg, der von der Straße ab führt. – Sie gehen in diesen Weg hinein, und während Sie weiterschreiten, bemerken Sie, dass der Weg in einen Wald führt. – Sie sehen das Grün der Bäume und spüren die frische Luft. – Der Weg wird ein wenig schmaler, die Bäume werden dichter. Sie betrachten im Gehen den Weg und die Bäume und folgen Ihren Schritten. – Der Weg führt um eine Biegung. Als Sie vorangehen, bemerken Sie weiter vor sich eine Bewegung. – Sie gehen weiter und erkennen eine Lichtung, auf welche der Weg zuführt. – Sie kommen näher, und allmählich sehen Sie einen großen Felsen, einen Felsberg am Rande der Lichtung. – Während Sie an die Lichtung herankommen, sehen Sie einen Alten Zauberer, der vor dem Felsen steht. Sie betreten die Lichtung und begrüßen den Alten Zauberer. - Dieser schaut kurz zu Ihnen hin. Und während Sie den Alten Zauberer musternd betrachten, stellen Sie ihm eine Frage: [Stellen Sie eine Frage, die Sie besonders bewegt.]... - Er antwortet Ihnen: ... - Sie bedanken sich für seine Antwort. Und während Sie sich anschicken, wieder umzukehren, gibt der Alte Zauberer Ihnen etwas mit; es ist ein(e) ... - Sie nehmen es und verwahren es bei sich. Sie wenden sich um und gehen den Weg zurück. - Sie schreiten gut voran. - Sie kommen um eine Biegung. - Im Gehen betrachten Sie den Weg und die Bäume. - Der Weg wird ein wenig breiter, die Bäume werden weniger dicht. Sie sehen das Grün der Bäume und spüren die frische Luft. - Und während sie weiterlaufen, bemerken Sie, dass der Weg allmählich auf eine große Straße zuführt. - Sie gehen weiter. Nun nähern Sie sich der Straße, und als Sie die große Straße erreichen, begrüßen Sie sie - und gehen in die Straße hinein. - Auf der Straße sind viele Menschen unterwegs. - Sie schauen und damit gehen Sie weiter. Sie gehen weiter. - Pause. - Nun beenden Sie Ihre Fantasievorstellung. - Atmen Sie tief und ohne Anstrengung. - Stellen Sie sich den Raum vor, in dem Sie sitzen oder liegen. - Pause. - Bewegen Sie sich ein wenig. - Öffnen Sie nun wieder die Augen. - Sammeln Sie sich und entspannen Sie sich. - Pause. - Notieren oder merken Sie sich Ihre Eindrücke so, wie Sie es auch mit einem Traum machen würden. - Schalten Sie allmählich um auf das, was Sie als Nächstes tun werden.

BILDNACHWEIS

Shutterstock.com: S. 5 (© Olly), 12 (© Zack Frank), 15 (© Serg64), 18 (© Ivonne Wierinck), 21 (© Pack-Shot), 25 (© Vaclav Hroch), 28 (© Mr. Brightside), 30 (© Phase 4 Photography), 33 (© Knud Nielsen), 36 (© Aaron Rutton), 38 (© Paulo Fadista), 41 (© Mikhail Zahranickny), 42 (© Florida Stock), 49 (© Velislava Todorova), 46 (© Steven Bourelle), 56 (© Jan Vancura), 63 (© Klotz), 67 (© Embrista), 72 (© Leksele), 75 (© Aleksey Oleynikov), 78 (© Sternstunden), 81 (© Lane V. Erickson), 84 (© Lobke Peers), 88 (© Jeff Dalton), 96 (© Nussal), 99 (© Kavran), 105 (© Victor Potasyev), 107 (© Rickshu), 109 (© R. Gino Santa Maria), 112 (© George Sprade), 114 (©) Broucuit), 117 (© Martin Kucera), 120 (© Irin-K), 123 (© Maxim Urievich Lysenko), 124 (© Natalia Lisovskaya), 125 (© Galyna Andrushko), 128 (© Sharon Morris), 131 (© Mudassar Ahmed Dar), 133 (© K. Rie), 136 (© Plastique), 141 (©) Ovidin Londachi), 144 (© Olena Boronchuk), 147 (© Mountainpix), 150 (© Smit), 153 (© Yurlov Andrey), 156 (© Giordano Aita), 160 (© Ruta Saulyte-Laurinaviciene), 165 (© Levon Arakelian), 170 (© Kushch Dmitry), 179 (© Elena Blokhina), 185 (© Bonita R. Cheshier), 193 (© Olexa), 201(© Zeljko Radojko)

HINWEIS

Dieses Buch wurde nach dem aktuellen Wissensstand sorgfältig erarbeitet. Dennoch erfolgen alle Angaben ohne Gewähr. Verlag und Autorin haften nicht für eventuelle Nachteile oder Schäden, die aus den im Buch gegebenen Hinweisen resultieren. Die in diesem Buch enthaltenen Ratschläge ersetzen nicht die Untersuchung und Betreuung durch einen Arzt.